前　言

近年来短视频凭借互动性强、视听内容丰富及算法优势逐渐成为互联网行业发展热点。用户的媒介身份建构与日常生活身份的交叠、重塑标志着日常生活正持续卷入到线上活动。当"做"视频、"立"人设成为用户在短视频平台活动的主要内容时，短视频平台用户身份的自主性与建构逻辑就成为需要关注的议题。在既往的在线身份研究中，习惯性依托戈夫曼的拟剧视角展开，讨论互动过程中采取的策略和技术，忽略了媒介平台与用户活动之间的结构张力。近二十年学界讨论度较高的媒介化理论框架，为解构数字社交媒体时代的身份建构实践提供了新思路。基于上述背景，笔者从媒介化理论的视阈出发，围绕用户身份的内涵、自主性、流动性等议题展开调研，尝试澄清用户身份建构的逻辑与短视频平台之间的关系，并对媒介化研究中有关媒介逻辑、媒介化路线、趋势的讨论进行回应。

研究过程中采取定量、定性相结合的方法，随机抽取短视频平台用户进行问卷调查；在 2022 年 7 月至 2023 年 1 月期间，对深度参与短视频行业的 41 位短视频用户（8 位主播、18 位直播间观众、7 位 MCN 策划/运营、4 位企业品牌代表、4 位短视频账号代运营公司管理者）进行了半结构化访谈。

本书聚焦于三个问题：短视频平台用户身份媒介化的表征是什么？短视频平台的媒介逻辑是什么？媒介化进程的驱动力是什么？着重从短视频平台用户身份的感知、生产、运营、营销四个维度剖析，并聚焦短视频平台用户身份建构的重要场景——短视频直播，论述身份建构观念与实践倾向的系统化改写。

研究发现，用户身份媒介化的突出表征即身份的商品化，借由短视频平台的传播，形成并渐趋固化为用户社会生活的新态势；短视频平台的媒介逻辑是建立在算法、搜索和数据库基础上，将平台用户及其活动数据化并将数据兑现为商业价值的规范。媒介化不是单纯由媒介内部自我驱动的，而是来自对"连接—价值"抱有预期并获得持续回报的社会力量的推动。在共谋的媒介逻辑影响下，社会正在经历的是一个多重媒介化的过程。既有的媒介化理论面对数字媒介现实间或失灵的原因也与之关联。

从历时性时间域出发，在媒介漫长的发展史中，媒介提供连接的确定性，并通过连接创造价值（如政治的、经济的、文化的）的逻辑持续存在且相对稳定，这可以解释跨时代、跨社会制度、跨技术基础的媒介所呈现出的媒介逻辑差异性其实是在"连接—价值"的逻辑基础上，媒介内部资源调配与运行方式的具体实践的差异。社会各领域的媒介化进程是与"连接—价值"逻辑的"握手"，而非简单服膺于不断更换的媒介逻辑的流行概念。本书在此基础上绘制的媒介化路线图完善了媒介化理论框架，并就媒介化理论面临的诸多问题进行了回应。

与此同时，反思数据连接对用户身份自主性造成的语义遮蔽。连接本身是一种潜在的交往欲望，但它总是因为需要接受对一个连接的普遍秩序的服从而被篡改。归根结底，数据商业主义与用户身份商品化不会是社会秩序的唯一愿景。抵制和瓦解这种想象或许困难，但却是必要的。在算法、数据库、搜索引擎的背景下，持续收集数据，组织日常生活的观点未必理性。这不是对短视频平台说"不"的问题，而是对数据商业主义的合理性说"不"的问题，对短视频平台说"不"并不意味着其他在线社交生活自动就被"非数据化"了。否认了这种新兴秩序作为一个框架的合理性，并不代表对每一种中介形式的全盘否定，就如同对媒介化作为解释框架的理解一样。大多数短视频平台用户都是身份商业化秩序有意、无意的同谋，针对个人用户无限地营销信息或者将用户身份精准地商品化，并不是个性化，而是破坏了自我的完整性。

本书想要提醒的是，一直以来，尽管社交媒体批判付出了令人敬佩的努力，但由算法产生的新的社会问题仍然未得到解决。因此需要重新想象我们与其带来的身份商品化之间的关系，警惕而不是全盘接纳在数据驱使下的行动和身份异化。

本书系

黑龙江省哲学社会科学研究规划项目"日常生活媒介化转向研究"（20XWB058）

2023 年度黑龙江省社会科学学术著作出版资助项目（2023015 – C）

2021 黑龙江省省属高等学校基本科研业务费项目"视频社交媒体中的日常生活媒介化研究"（2021 – KYYWF –0117）

研究成果

荀瑶　著

媒介化视阈下短视频平台用户的身份建构

暨南大学出版社
JINAN UNIVERSITY PRESS

中国·广州

图书在版编目（CIP）数据

媒介化视阈下短视频平台用户的身份建构 / 荀瑶著.

广州 ： 暨南大学出版社，2024. 12.

ISBN 978-7-5668-4073-8

Ⅰ．G206.2

中国国家版本馆 CIP 数据核字第 20246D2T22 号

媒介化视阈下短视频平台用户的身份建构
MEIJIEHUA SHIYU XIA DUANSHIPIN PINGTAI YONGHU DE SHENFEN JIANGOU
著　者：荀　瑶

出 版 人：阳　翼
责任编辑：黄　斯
责任校对：刘舜怡　何江琳
责任印制：周一丹　郑玉婷

出版发行：暨南大学出版社（511434）
电　　话：总编室（8620）31105261
　　　　　营销部（8620）37331682　37331689
传　　真：（8620）31105289（办公室）　37331684（营销部）
网　　址：http：//www.jnupress.com
排　　版：广州市新晨文化发展有限公司
印　　刷：广东信源文化科技有限公司
开　　本：787mm×1092mm　1/16
印　　张：11.25
字　　数：170 千
版　　次：2024 年 12 月第 1 版
印　　次：2024 年 12 月第 1 次
定　　价：49.80 元

目
录

第 1 章　　绪　论

1.1　研究缘起

1.1.1　研究背景

移动互联网深刻地改写了社交活动与社交关系，作为社交媒体中的主体——人的身份一直是网络文化研究领域中的一个关键部分。从马歇尔·麦克卢汉（Marshall McLuhan）到尼尔·波兹曼（Neil Postman），学者们关注信息的呈现是如何随着传播媒介的改变而改变的。在面对面交流、电话交谈、信件、印刷品、广播或电视中，自我身份的表达方式不断演进，这样的变化同样适用于以互联网和计算机为媒介的交流。网络日益增加的交互性和连接潜力使身份建构和自我表达成为网络文化研究的前沿问题。随着移动通信进入 5G 时代，短视频[①]的影响力爆炸式增长，要求我们重新审视关于视频化生活的各种假设。

交流方式的变化以及随之而来的线下和线上社交生活的融合，意味着社交媒体平台将线下社交互动商业化的动机升级，在线社交互动纳入商业模式的确定性增强。随着人们在互联网的多重界面中穿行，越来越多地与稳定标签的、可被商品化的身份概念联系在一起。一方面，我们对身份的变化习以为常；另一方面，我们又对变化的自主性忧思难忘。显然，这一过程中用户[②]身份的复杂性仍有待观察。

尽管媒介环境发生了巨大的变化，在线用户身份研究仍然受到只关注基于文本的应用程序和界面中的用户自我呈现的学术研究取向的影响。这是一个值得反思的问题，因为形式、技术成熟度和用户（规模、依赖度）

[①]　短视频指播放时长在五分钟以下，基于 PC 端和移动端传播的视频内容形式。援引艾瑞咨询：《2017 年中国短视频行业研究报告》，https：//www.iresearch.com.cn/Detail/report？id = 3118&isfree = 0。

[②]　本书中短视频平台用户指的是在短视频平台注册并进行活动的主体，包括个人、组织及企业。

基础的转变都对用户表达和认知身份的方式产生了深远的影响，因此用户身份的研究应当包含对当代互联网的商业化理解这一前提。既往研究中围绕身份的讨论建立在广泛的共识基础上，即身份的建构受到了媒介环境的影响，并且这一影响在日益加深。不可否认，在用户身份的调试过程中，社交媒体平台提供了丰富的个性化可选项以吸引用户长期使用，但与此同时不能忽略的是建立在商业逻辑基础上的规则是否在更深远的层面对用户身份的自主性产生了影响，而这样的影响是隐蔽而持续的，以至于成为不证自明的事实。

社交媒体从纯文本向多模式转变，发展至短视频，已经融合了音乐、视频、动画和图像等多种信息形式。短视频平台用户的快速和大规模增长也导致了社交媒体从内容到文化的转变。[①] 从视听娱乐到直播带货，从在线打赏到主播 PK，短视频创造了一系列以往社交媒体未曾实现的场景，并与日常生活互构日益加深，社交媒体的功用与价值来到了新的阶段。短视频作为高度集合型的社交媒体，在现阶段制造并分享着流量的巨大红利，不具备可视化传播优势的内容甚至不具备被关注到的可能性。作为目前最接近面对面社交的媒介，短视频的优势地位日渐巩固。其向"Everything App"转向的趋势让我们重新思考人与社交媒体的关系，以及社交媒体对日常生活的影响（干预）背后的驱动力与逻辑。在移动互联网时代，当下所有的社交媒体大概率都不会是媒介的最终形态，例如新兴的以 ChatGPT 为代表的 AI 会怎样颠覆目下的一切尚未可知，但在可预见的技术迭代中，日常生活将会被怎样界定和改写依旧是值得持续关注的议题。而作为表征的身份映射着人与媒介的关系行至何处，又将去往何方。

在上述诸多要素拼接而成的宏大背景下，强调媒介对人、生活、社会事业具有重要影响力的媒介化理论在社交媒体中，特别是在短视频发展壮大的当下，获得了高度关注，也承载着解释的重任。这一诞生于社交媒体

---

① 《第 51 次中国互联网络发展状况统计报告》显示，截至 2022 年 12 月，我国短视频用户规模达 10.12 亿，用户使用率高达 94.8%。

形成统治力前夕的理论面对短视频普及的媒介现实仍旧展现出值得重视的解释力。在这一理论框架（概念界定）下，国内外学者将社会事业发生的诸多改变归因为媒介逻辑的影响，明确了媒介内部的组织、分配方式对其他社会活动的作用，却也因为缺乏对媒介化程度、条件要素、历史进程、媒介逻辑等统一的、明晰的解释而陷于被动。如前所述，我们认同媒介的影响力，却无法回答为何具备这样的影响力，我们应该怎样理解其内在动因；在媒介形态更迭的过程中，其影响力增强或减弱的可能性及其可预见的规律会有怎样的变化，也都尚未确定。

因此，本书将用户身份置于媒介化的理论视阈之中，展示以短视频为代表的社交媒体如何成为一个日益商品化的空间，以及用户对标签化自我展示策略的强调如何与具体的在线商业实践联系在一起，尝试为未来的在线身份研究提供可借鉴的路径，同时也为完善既有的媒介化理论研究提供可执行的策略。

1.1.2　研究意义

区别于以语音、图片、文字为主要表现形式的社交媒体，短视频以分享个人日常生活为核心的视听传播方式，自 2013 年开始迅速吸引了国内移动互联网用户的关注。作为一种媒介，短视频更深远和隐匿的影响在于：它已经不止步于日常生活的记录，而是正在重新型塑、改写着日常生活。尽管各短视频平台在商业宣传中普遍强调对日常生活的记录价值以及平实的日常生活作为表征的深远意义，但考虑到丰富的视频优化、美化工具与剪辑模板、配乐、文案，以日常生活呈现为主要内容的短视频更贴近娱乐节目、商业广告、剧情短片的形式，日常生活与视听秀的制播逻辑同步性在渐趋增强。短视频平台也在社交互动之外，改写了资讯分发、商品零售、文艺演出等多种社会文化领域的规则与业态。

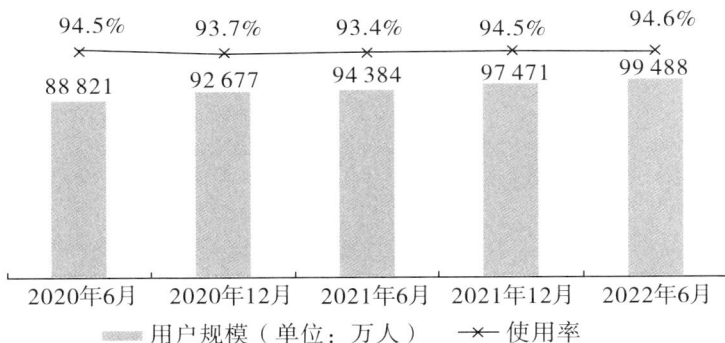

图 1-1 2020 年 6 月—2022 年 6 月网络视频（含短视频）用户规模及使用率①

在丹麦学者 Hjarvard（2018：5-25，136）看来，媒介不再仅仅局限于信息传播中介，而是渐渐与社会各领域产生深层次的关联影响。媒介化研究将目光转投至媒介在文化和社会中所扮演角色的改变，并相信这一改变将是长期且显著的。学者们倾向于将"媒介化"定义为一个线性的过程，在该过程中，许多社会活动受到媒介的影响，它们必须借助媒介才得以实现，需要调试自身适应媒介传播。学者彭兰（2022）也指出，媒介化时空影响着人们日常生活的内在逻辑，媒介烙印被刻入日常生活。人们的生活越来越多地以社交媒介中的存在感为目标，现实生活也变成了媒介表演中的剧目。以短视频为代表的社交媒体正以一种不易察觉的方式构成我们生活的基础，这正是媒介化研究中指涉的"穿透"过程。媒介化理论为观察短视频平台中的用户提供了恰切的视阈，在用户被短视频平台卷入的进程中，"技术决定论"或者"工具理性"都无法准确概括用户与平台的关系。一方面，短视频平台用户，特别是专职的视频内容创作者（团队）利用平台资源并做出适应性调整，生产视听产品以追逐影响力的增长和变现可能；另一方面，短视频平台作为实际的生产组织者与规则决策者，通过技术的迭代与规则的改写，吸引更多的用户出现在短视频信息流中，接纳视听内容的生产组织方式、参与视听内容的消费过程。用户与平台之间

---

① 数据来源：中国互联网络信息中心，https://www.cnnic.net.cn/n4/2022/0914/c88-10226.html。

的共生、博弈折射出媒介与日常生活复杂的调试。

　　流转于流量、热度、带货、变现的数据信息流中，作为能动的"主角"——用户，依何建构、如何建构自身的身份，成为思考媒介化的日常生活时无法回避的重要议题，用户身份是我们理解媒介的有效锚点；当"做"视频、"立"人设、"刷"流量成为用户在短视频场景中的基本活动内容时，原有的社交媒体平台内涵发生了怎样的流转，亟须重新审视与梳理。

1.2　研究思路及方法

1.2.1　研究思路

　　基于上述考量，本书共分为六章，具体框架及行文思路如下：

　　第 1 章绪论，主要包含研究背景、意义、思路、方法，文献综述与研究问题的提出。第 2 章围绕短视频平台用户身份的生产过程展开讨论，从身份生产的商品化导向、商品化路径和商品化实践三方面梳理用户在平台中的行为选择与平台规则、逻辑之间的关系。第 3 章重点研究短视频平台用户身份的运营，从情感调试、用户评估、投放策略等媒介实践入手，探讨用户、机构行为与短视频平台技术规则、媒介逻辑之间的关系，尤其是以算法数据库为基础的数据商业主义倾向。第 4 章承接第 3 章，重点研究短视频平台用户在自觉或者不自觉的身份商品化生产完成后所进行的身份营销尝试，以及在这一过程中人的主体性所面临的一系列挑战；探讨情感互动的量化、社交关系的虚拟货币化是如何渗透进用户身份的调试、迭代的过程之中的。第 5 章聚焦短视频平台用户身份建构的重要场景——直播。在这一典型化的互动仪式中，用户身份的复杂性映衬出媒介化进程中权利与话语的变迁。第 6 章为结语，探讨短视频平台用户身份所面临的危机与挑战。

1.2.2 研究方法

围绕用户在短视频平台进行身份建构过程中出现的调试、行为规律、逻辑等问题，本书运用传播学及社会学等人文社会科学研究方法展开具体研究，主要运用如下研究方法：

（1）文献研究法：通过搜集、整理相关研究文献资料，从相关学科领域视角了解本书写作相关内容的观点和理论阐述。借用传播学、社会学等学科的理论对短视频平台用户身份研究进行一定的阐发。

笔者在参与媒介实践活动期间，有机会针对代运营公司未公开的运营文书、商业数据、研究报告、培训手册、策划脚本等文本资料所指涉的用户情况进行分析。这些资料为全面了解短视频平台运行逻辑、价值倾向、用户身份的建构和流转提供了翔实的论据支持。对这些资料的分析拓宽了研究的思路，特别是对媒介化进程的实体化、具象化和一定程度的量化有了更准确的判断。从后台数据反观用户的身份建构与行为模式，为梳理短视频平台用户身份的媒介化路线发掘出现实依据。在短视频平台算法不公开的前提下，这一研究方法成为最接近平台运行逻辑与资源调度路径的手段，与本书的媒介化理论框架较为契合。文献资料为媒介化进程的评估提供了背景性的解释，同时也为了解行业生态、经营者、从业者现状的驱动力提供了研究坐标点。笔者在查阅文献资料的同时，走访观察短视频视听作品的策划、制作过程，校验了资料文本的落实情况与真实性在研究可接受的误差范围内。

（2）访谈研究法：作为社会科学质性研究方法，研究者通过结构化或半结构化的访谈与调研对象展开对谈以获取研究数据，同时在访谈过程中通过被访谈对象的回答进一步挖掘信息，拓展研究。本书由媒介化视角出发，从短视频平台用户身份建构的互联网实践入手，通过问卷调查、半结构化访谈等形式，与被访问者进行交流。笔者在访谈对象的选择上尽量涵盖梳理短视频平台用户身份建构的各相关方，以期明确短视频平台用户身份建构的环境、流程、机制、路径，总结出影响用户身份建构的关键环节和重要影响因素。

在调研期间，笔者在对短视频观众、创作者和准职业者进行观察、访谈的基础上，对 MCN[①]、代运营公司、企业品牌（广告主）等层面的管理者进行了深度访谈，这是对目前研究中较为主流的受众研究视角的有益补充。用户在短视频平台正在经历或将持续深入的媒介化进程中存在必然的驱动力，从目前的市场情况与媒介现实出发，无法在实践与研究层面忽视商业化团队、组织在其中的影响力与所扮演的角色。媒介化研究习惯性地将社会事业向媒介靠拢过程视为不证自明的趋势，忽略了其中潜在的内因，特别是移动互联网中社交媒体的商业诉求对用户行为的潜移默化的改写。通过选择研究对象，我们可以从另一个维度审视用户身份的嬗变。因为在前期的调研准备阶段，对用户的身份媒介化已经有了较为明确的论据支持，注意到用户的媒介化不局限于是否从事商业行为或者隶属于商业组织，故而本书将调研的重点放在了（准）职业者和运营公司层面。值得警惕的是，主流短视频平台与运营公司展开的深度合作也在事实层面上导引了用户身份媒介化的过程与趋向。

受研究经费及一些不确定因素所限，笔者的调研集中在一座城市，尽管该城市的短视频生产具有突出的典型性和代表性，但仍旧对研究的全面性造成了影响，与此同时，调研的时间跨度也是本书的遗憾与不足之处。

1.3　文献综述

笔者借助 CiteSpace（版本号 5.8.R3），利用科学知识图谱的方式对"媒介化"相关文献进行解读，梳理出"媒介"这一话题研究领域相关的

---

① MCN（mulit channel network），直译为多频道网络，目前多用来指代短视频平台用户的经纪孵化公司。

研究脉络和热点。英文数据以"mediatization"为检索主题词，在 WOS 多次高级检索测试后，最后收集全部核心合集文献数据。对检索结果进行了筛选，剔除不相关和信息缺失的文献后，最终得到 299 条结果。将样本研究的标准化数据导入软件 CiteSpace，时间选择从 2017 年开始到 2022 年为止，各时间段保留前 50 个研究机构（TopN = 50），分析项目选择"关键词"，进行关键词激增的分析，进而绘制出 2017—2022 年国外媒介化研究相关英文文献排名前 25 的激增关键词（参见图 1－2）。其中"identity""model"是近年来增幅明显的关键词，体现出研究的高关注度与潜力。

Keywords	Year	Strength	Begin	End	2017—2022
politics	2017	2.25	2017	2017	
internet use	2017	1.5	2017	2017	
beam	2017	1.5	2017	2017	
networking	2017	1.39	2017	2018	
twitter	2017	1.39	2017	2018	
television	2017	1.63	2018	2018	
power	2017	1.63	2018	2018	
children	2017	1.63	2018	2018	
perception	2017	1.45	2018	2019	
news	2017	1.68	2019	2020	
performance	2017	1.53	2019	2019	
construction	2017	1.53	2019	2019	
film	2017	1.3	2019	2020	
model	2017	2.97	2020	2022	
identity	2017	1.97	2020	2022	
state	2017	1.64	2020	2022	
future	2017	1.64	2020	2022	
women	2017	1.63	2020	2022	
mass media	2017	1.54	2020	2020	
social movement	2017	1.54	2020	2020	
news media	2017	2.09	2021	2022	
democracy	2017	1.68	2021	2022	
integration	2017	1.67	2021	2022	
network	2017	1.65	2021	2022	
violence	2017	1.53	2021	2022	

图 1－2　2017—2022 年媒介化研究相关英文文献排名前 25 的激增关键词

中文数据以"媒介"为检索主题词，在 CNKI 多次高级检索测试后，最后收集全部 CSSCI 文献数据。对检索结果进行手动剔除，剔除不相关和信息缺失的文献后，最终得到 846 条结果。将样本研究的标准化数据导入软件 CiteSpace，时间选择从 2017 年开始到 2022 年为止，最终得到媒介化研究相关中文文献排名前 25 的激增关键词。将这 25 个激增关键词按照突现开始年代，由远到近进行排列，得到图 1-3。从激增关键词来看，国内近年的媒介化研究有从媒介理论阐释向媒体融合实践转向的趋势。

Keywords	Year	Strength	Begin	End	2017 — 2022
媒介	2017	4.73	2017	2018	
政治传播	2017	2.73	2017	2017	
大众传媒	2017	2.52	2017	2018	
社会资本	2017	1.83	2017	2017	
信息	2017	1.83	2017	2017	
大学生	2017	1.62	2017	2018	
舆论	2017	1.76	2018	2018	
民族志	2017	1.76	2018	2018	
媒介素养	2017	2.48	2019	2020	
新闻传播	2017	1.93	2019	2019	
突发事件	2017	1.66	2019	2019	
健康传播	2017	1.66	2019	2019	
传播策略	2017	1.66	2019	2019	
传播	2017	1.58	2019	2020	
5 G	2017	1.51	2019	2020	
乡村社会	2017	1.51	2019	2020	
社会治理	2017	2.28	2020	2020	
主流媒体	2017	1.84	2020	2022	
媒体融合	2017	1.75	2020	2022	
媒介学	2017	1.56	2020	2020	
再媒介化	2017	2.63	2021	2022	
媒介实践	2017	2.48	2021	2022	
身体	2017	2.26	2021	2022	
跨媒介	2017	1.88	2021	2022	
技术	2017	1.88	2021	2022	

图 1-3　2017—2022 年媒介化研究相关中文文献排名前 25 的激增关键词

1.3.1　媒介化研究

1.3.1.1　源起与分化

1. 从媒介逻辑到型塑力：共识与分歧

20 世纪 80 年代以来，媒介现实的巨大变化为传播研究带来挑战。"媒介化"（Mediatization）概念由瑞典媒介学家 Asp（1986：359）于 1986 年首次提出，在其发展之初，媒介化是在政治背景下应用的，即"政治系统在很大程度上受到大众媒体对政治报道的要求的影响并根据其要求进行调整"。1997 年，Verón（1997）迈出了媒介化研究的重要的一步，提出了一个以媒体为中心的分析媒介化的方案，这个方案暗示了媒体、机构、个人彼此之间的关系。这是理解媒介化过程的最初尝试之一。

Corner 和 Pels（2003：4）共同编辑的 *Media and the Restyling of Politics：Consumerism，Celebrity and Cynicism* 文集中，提及一种政治已经"被媒体逻辑和命令所殖民"的情况。Flew 对媒介化理论中的概念进行了简要而清晰的概述（Flew，2017：51），他强调了政治层面的一个核心命题，即媒体和政治之间不断变化的结构关系已经发展到政治机构、领导人及其实践越来越依赖媒体，并符合媒体生产、分发和接受的逻辑。

近二十年，媒介化已经是一个被广泛讨论的概念。Blumler 和 Kavanagh（1999）、Mazzoleni 和 Schulz（1999）、Krotz（2001）、Schulz（2004）、Couldry（2008）、Lundby（2009）、Livingstone（2009）、Hartmann（2010）、Krotz 和 Hepp（2012）等人分别提出、讨论和澄清了这一概念。

针对近年来媒介实践的巨大变化，传统传播学研究面临着描述和解释的挑战，媒介化理论从宏观及微观的角度将媒介与其他社会领域的相互关系梳理研判，为回应这一挑战提供了新的研究范式。媒介化的阐释推进了传统的媒介与传播研究视角的扩展，并以该视角分析媒介内容、媒介的使用和效果，将研究重点放在媒介与传播的整体转型上（Hepp，2013；Lundby，2014）。

Mediatization 起源于德语 Mediatisierung（Livingstone，2009），Living-stone（2009）将媒介化描述为"媒介技术和媒介组织日益塑造日常实践和社会关系的元过程"。而 Krotz（2008）则将媒介化总结为塑造现代性的过程之一。Schulz（2004）也在早期研究中阐明，"媒介化"是动态交互的过程。媒介对社会变迁有延展、代替、融合和适应的递进式作用。Couldry 和 Hepp（2013）认为，学者们仅仅关注媒介研究的三种主要方法，即文本分析、政治经济与受众研究是不够的，需要一种更全面的方法来理解社会和文化的变化。Hjarvard（2008）认为，社会的媒介化是指社会对媒介及其逻辑依赖性增强的过程。而媒体逻辑是指"媒体的体制和技术运作方式，包括媒体在正式和非正式规则的帮助下分发物质和象征性资源以及运作的方式"。他观察到社会在媒介化的过程中，并认为在这个过程中，社会越来越多地服从于媒体及其逻辑，或者变得依赖于它们。媒体正在成为社会中一个越来越独立的机构。此外，Hjarvard（2008：111）还强调了另一个重要的观点：媒介化宣告了现实的消失。媒介化应该被解释为虚拟空间中互动能力的增强和人们对真实事物的区分。Hjarvard（2013：113）的著作《文化与社会的媒介化》考察了社会的媒介化，在某种意义上，作者几乎是对媒介进行了社会学分析，然后将其与文化、游戏、政治和宗教等领域联系起来。

一开始，媒介化研究假定了"媒介逻辑"的不断扩展（Altheide & Snow，1979；Asp，1990；Altheide，2013），其他社会领域和社会文化将越来越"配合"。区别于媒体—社会关系采取经典的"效果和影响"方法，媒介化研究关注社会系统本身和社会实践为适应"媒体逻辑"而发生的变化。目前的媒介化研究已经能够表明，这样的判断还不够深入（Couldry，2012；Esser，2013；Hepp，2013）。

Hjarvard 关于"媒体逻辑"支配地位的自信主张受到了其他媒体学者的质疑。Krotz（2009：26）认为媒体逻辑的概念是"误导性的"，因为不存在独立于不同媒体技术的统一的媒体逻辑（例如，电视的逻辑不同于移动电话的逻辑），技术逻辑也取决于文化和社会背景。Lundby（2009：

116）赞同这一观点，认为"通过一般的媒体逻辑来理解媒体是不可能的"，因为"人们必须考虑到数字媒体的特殊性"。在 Lundby 看来，"媒介化"是一个更广泛和更普遍的概念，适用于与技术媒体的交流行为和过程，从意义上讲，它接近于德文的"vermittlung"（Lundby，2009：13）。它可能会影响传者和受者之间的沟通和关系，但从长远来看，它不会改变社会融合的任何制度做法和模式。Hepp（2009：140）认为，"媒介逻辑"的问题在于它采用了一种"线性观点"；必须通过更"复杂的方法"来理解媒体的转变，以便能够"仔细详细地调查某些文化领域的媒体化"，而不是假设"单一线性媒体逻辑"。

既有的媒介逻辑在数字媒体时代面临内涵阐释的进退两难。譬如，多元的媒体都遵循同一种逻辑吗？传统媒体与新媒体的媒介逻辑存在线性的代际更迭特征吗？在历时性和共在性的视角下，媒介逻辑都有自洽的规律吗？

随着媒介化研究的深入，媒介逻辑的概念得到拓展（Hjarvard，2013：32；Landerer，2013）；强调不同媒体在互动过程中的差异作用（Lundby，2009；Hepp & Hasebrink，2014），或者相较于媒体，更关注传播本身，考虑不同媒体的语境"塑造力量"，将其视为传播的"制度化"和"具象化"（Hepp，2012；Krotz & Hepp，2012）。这也是研究各种"媒介化世界"的基础。至此，媒介逻辑发展出替代性概念。

Hepp（2013：54）在他的著作《媒介化的文化》中提出了关于媒体塑造力量的论点："媒体本身对我们交流的方式施加了某种'压力'。"在 Hepp 的术语中，这种对媒体塑造力量的理解进一步转化为沟通行动的制度化和具体化的融合（Hepp，2013：58）。然后，人们与媒体的活动对应于习惯化的行动，他认为，在这个意义上的媒体，远远超过了"使用"特定媒体的习惯观念。因此，媒体不仅以某种方式影响着各种传播形式的表现，还代表了人类行动的潜力，特别是交流行动（Hepp，2013：60）。当媒体被人们利用并付诸行动时，它就会成为一种塑造力量。媒体本身并不是一种塑造力量，而是取决于它们如何在特定的文化和特定的人群中被语境化和挪用。

　　Livingstone 在其著作集《媒介化：概念、变化、后果》的前言和文章《关于一切的媒介化》中强调，媒介化"指的是通过中介技术和媒体组织在历史上塑造日常实践和社会关系的元过程"（Livingstone，2009：X）。此外，在同一文集的导言中，Lundby 预测了当前的媒介化研究，并补充说，媒介化过程"影响了后现代社会和文化生活的几乎所有领域"（Lundby，2009：1）。Couldry（2013：6）在一篇文章中分析了媒介化研究的主要方法，并在其中指出，他的这一新工作的出发点是"媒介化不是一个单一的变革逻辑"，而是一个社会描述的元范畴，指向媒介时代（整个）社会世界的变化的动态和维度。

　　无论是"型塑力"还是"元范畴"，都将媒介化引入了抽象泛化的境地，也因其内涵的飘忽不定而引起批评者的注意。在描述性的层面上，人们很容易同意媒介化的想法。不同媒体提供的技术可能性比以往更加多样。媒体比以往任何时候都更具流动性，成为越来越多人日常生活的有机组成部分，并可能影响诸如传播科学和技术等高度专业化的活动（Väliverronen，2021）。然而，除了认识到这些普遍的特征，这一概念的确切理论分析地位仍然不清楚。媒介化是否已经成为一种范式，提供了一套理论预设，即使是其倡导者对这一概念也没有统一的理解。

　　Deacon 和 Stanyer（2014）也注意到了媒介化理论作为可能的"概念潮流"的风险，他们在 2014 年发表于《美国科学院院刊》的一篇文章中提出担忧和批评。二人认为，媒介与社会变迁之间的关系比媒介化研究中假定的更为微妙和复杂，在历史问题上，他们同意这一维度的核心重要性，也注意到媒介化研究中目前的分歧，媒介化作为一个广泛的描述词可能是有意义的，但这个术语并不能令人满意地表明任何一种具有明确、独立身份的理论、元理论、范式甚至研究框架。有必要避免让媒介化概念成为一个毫无意义的概念。

　　在这场引人关注的论争中，Lunt 和 Livingstone（2016：468）主张开辟"一个灵活的研究框架"，让不同的理论和经验项目可以依附于此。这是一种积极的方式，可以跨越有争议的领域，吸纳有志于完善媒介化研究的学者进一步讨论和研究。

某种意义上来说，媒介化理论在应对挑战之时，主动或被动地将界定泛化以避免解释失效的尴尬。媒介化现象具有强烈的语义负担，是对同时代社会解释学的挑战。为了应对这一挑战，对每一种媒体或技术设备的独特性进行单独考虑是失败的。我们不应像通常那样简化分析，而应考虑到其独特性和连贯的主体，作为理解当前时代的一个综合的整体建议。媒体只是现实在媒介化中的一种特殊表达。当研究人员仍在关注媒体的独特性，试图个别地理解它们时，他们对今天正在发生的事情的理解是模糊的。要正确处理媒介化问题，必须从整体上考虑，建立一个统一的体系，从而允许社会意义的构建。

因此，媒介化日益成为描述媒介历史、媒介现状以及当今正在发生的交际变化的一个关键、基本和必不可少的概念。既然它已成为整体的一部分，就不能把它看作一个单独的领域。有必要了解媒体的不断扩大是如何改变我们建设文化、社会和所有社会实践的方式的。在这一视角下，媒介化作为一个概念来描述不同技术手段的扩展过程，并考虑媒介传播变化与社会文化变化之间的相互关系。

2. 从制度主义到社会建构主义：结构与能动性争论

回望媒介化研究的知识谱系，学派内部渐趋形成了两种主流的研究取向——制度主义传统（institutionalist tradition）与社会建构主义传统（social constructivist tradition）。

制度主义传统源于新闻与大众传播研究，代表性人物有 Hjarvard 和 Giddens，他们在结构化理论的基础上进一步作出解读。根据 Hjarvard（2008）的描述，媒介逻辑和媒介自治的发展与现代化的社会学分析相对应。他将现代化描述为日益分化，即在不同的社会和文化领域具有不同功能的机构的出现。随着公共广播和主流报纸的发展，媒体成为文化机构，政治不得不适应媒体的逻辑。媒介化是一种文化和社会制度（如政治、宗教等）的主要组成部分和媒介逻辑相匹配的过程。制度主义传统的遗憾在于对媒介独立性的不确定性，一方面限定媒介只有成为独立制度才可能发生媒介化，这被认为是制度主义的标志性界限。但另一方面，面对数字媒体时代的互动性与渗透性，媒介又被降格以求成为半独立机构，当日常生活与数字媒体嵌套在一起时，Hjarvard 的制度主义视角疲于解释新的社会实践，出现摇摆不定的情况。

社会建构主义传统源于对媒介实践的研究，侧重于媒介在日常现实社会建构中的重要作用，也是更温和、更多元的媒介逻辑阐释。建构主义倾向认为，社会文化变迁是一个复杂的事件，表现出的趋势和过程有其自身的特殊性和多重逻辑。媒介化是一个标志着媒介如何让不同社会和文化领域或领域内的工作变得更加重要的根本性转变的概念。

学者 Couldry 和 Hepp（2012）认为，"媒介是当代社会所有过程中都无法被简化的维度"。Hepp 和 Krotz（2014）认为，"媒介化"是用来"批判性地分析媒介与传播的变迁和文化与社会的变迁之间相互关系的概念"。此定义获得了广泛的学术赞同。Hepp（2013）将媒体塑造力解读为交际行为的制度化和具体化的融合，媒体不仅影响各种传播形式，它也代表了人类行为的潜力，特别是交际行为。"媒体的塑造力只有在媒体传播的过程中才变得具体，取决于非常不同的挪用方式的形式。""媒介化"概念的目的是理解媒体如何以及在多大程度上嵌入日常生活中，塑造我们的行为方式，并使我们的社会世界变得有意义。

Krotz（2007：257）提供了一个类似的媒介化的多层面阐释。在他看来，媒介化是一个元过程，与全球化、个性化和商业化一起。这些概念类似于启蒙和工业化，"长期影响民主和社会、文化、政治和其他生活条件"。媒介化并不比其他进程更重要，其他进程有自己的逻辑。

尽管制度主义与建构主义框架有所区别，但一个总的线索是，当前社会和文化进程的变化可以参照媒介在我们的社会和文化中无所不在来理解，这些过程是长期的。它试图解释媒体在日常生活和整个社会中日益增长的作用，以及相应的传播和社会互动模式的变化。即媒介如何嵌入特定的社会和文化实践中。一方面，对媒介化世界的研究表明，媒介化不是一个线性的过程，而是在不同的"浪潮"中发展的；另一方面，很明显媒介化在各种"生活世界"和"社会世界"中以显著的方式证实了自己的存在感。无论是制度主义还是建构主义，媒介化的倡导者向社会科学家和理论家提出挑战，要求他们承认媒介发展在分析社会变革中的中心地位。在某些表述中（Hepp et al.，2010），这一概念甚至指的是一种"新的社会形态"，在这种形态中，"媒体日益超越整个文化和社会"，因此"一切都得到了中介"。这也引起了媒介化理论质疑者们对"媒介中心论"的广泛批评，在后续的研究中，Hepp 等人极力否认，试图弱化媒介在生活中的地位，而聚焦于日常行为习惯的分析。

Knoblauch 是另一位在传播理论中探索媒介化的学者。Knoblauch 认为，对媒介化的研究"是对交际行为结构变化的研究"（Knoblauch，2013：310）。因此，Knoblauch 明确地将媒介化与交际行为联系起来，而不是与媒介本身联系起来。

Knoblauch 的论点为 Couldry 和 Hepp 后续的研究提供了依据。Couldry 和 Hepp（2017：34 - 56）认为媒体和传播的历史可以理解为三次媒介化浪潮（机械化、电气化和数字化），"媒体比以往任何时候都更强烈地嵌入社会过程中"，这种嵌入更深地进入我们的生活。二人认识到了数字媒体和数据基础设施的塑造力量，提出了深度媒介化的概念，以对应数字化和数据化的浪潮。随着越来越多的传播依赖于以数据收集和处理为基础的传播基础设施，媒体和人之间相互依存的关系进一步深化。

Hjavard（2014）在 Matrizes 中的文章将媒体理论化为社会和文化变革的推动者。问题是，当 Hjavard（2013）认为媒介化是媒体作为社会变革推动者的理论时，这意味着我们仍然处于一个媒体社会，在这个社会中，技术传播设备和传播系统是文化和社会变革的推动者。我们正在翻越媒体社会，进入一个正处于媒介化进程中的社会。在这一过程中，信息的发送、接收以及这些媒介运行所在的社会都在信息传播的循环中被转换和修改。数字技术几乎成为人和社会的"第二皮肤"（de Kerckhove，2009）。

我们所使用的技术产生的循环过程改变（改进）了社会。媒体是一种氛围的表达，这种氛围能带来对社会和文化的新理解，这种新氛围的表达超越了单纯的技术设备。正是在这个新的环境中，人们需要发现赋予他们存在意义的参考点。目前，这些参考点是由一个媒介化的社会给出和解释的。在这个视角下，媒介化、社会、意义三者之间存在着一种联系。"深度"媒介化意味着一种不同形式的人类互动和认知。深度媒介化带来的变化，除了社会和文化，也是认识论的变化，因为它们使我们按照数据和算法处理、归档或排序的"逻辑"来行动、理解和了解事物。因此，研究深度媒介化，就是研究存档、排序和搜索的实践，以及它们如何与人们在日常交际活动中纠缠和挪用。Krotz（2001：23）的观点"分析的出发点必须是交际或交际行为"，也成为本书研究的逻辑起点。在媒介及讯息的物质性之外，我们也许需正视媒介即交往的现实，关注媒介与人适应性的纠缠过程中社会产生的变化趋向。

媒介化理论诞生于大众传媒的强势时代，尽管学者们极力避免陷入媒介中心论和技术决定论的旋涡之中，但其本质逻辑上仍然透露着对媒介权力的因果关系的暧昧，在数字社交媒体改写的复合式传播实践中，媒介也始终与背后更深层的力量协商，只是或许越来越隐蔽以至于人们只看到了媒介力量的无远弗届。在社交媒体的矩阵式传播时代，考察有哪一种新的社会（生活）形式借由媒介化的传播过程而生成，而不是仅围绕哪一种既有活动和领域被媒介化，或是媒介化研究的当务之急。

1.3.1.2　引入与应用

1. 何谓媒介化：概念介绍与理论普及

大陆学者对"媒介化"的关注在进入 21 世纪后日益增多。诸多学者也意识到"媒介化"对于日新月异的媒介环境和社会变革具有一定的解释新意。复旦大学的童兵（2016）教授曾概括，"数字化生存和媒介化社会最本质的特点就是社会的媒介化"，强调探讨媒介化社会中大众媒介的角色和责任。唐士哲（2014）、潘忠党（2014）、王琛元（2018）等学者为媒介化理论进入国内研究视野做出了贡献，提示研究者将媒介与社会关系的思考结合当下理论界的创新出路，开拓研究的新局面。在近几年国内媒介化研究学者中，戴宇辰（2018）是活跃的代表之一，早期将媒介化研究的变革及影响概括为四个层面，强调将媒介化研究置于"比较的视野"中。戴宇辰（2021）引入传播研究的"物质性"分析路径，尝试拓展媒介化研究的中间道路。刘海龙和方惠（2015）指出，媒介化理论尝试重新定位传播与社会关系。胡翼青（2017）认为媒介化理论的起点可以回溯到 20 世纪 70 年代的"第二个芝加哥学派"，这一学派克服了社会结构与个人感受之间长期的二元对立，媒介化社会结合了制度与交往心理，与这一学派同频共振。后续的研究中，提出媒介物质性的观念，胡翼青（2021）还考察了媒介化视角下的少儿游戏，指出数字媒介的逻辑影响了少儿游戏的迭代。

这一视阈内的研究往往将媒介化与媒介物质性、可供性的视角相结合，以延续媒介化理论的阐释力，学者们也意识到了媒介化在框架、内涵上的乏力，但尚未形成对其筑基的说服力与影响力。

2. 何以媒介化：媒介实践的解释模型

近年来，随着数字媒体的迅速崛起，"媒介化"渗透进社会的方方面面，对实际生活产生全面的、深层次的影响。从宏观层面的元宇宙到中观层面的日常生活媒介化、视频化生存，学者们对媒介化，特别是深度媒介化影响下的社会各领域表达了持续的关注。

喻国明、徐子涵和李梓宾（2021）在《"人体的延伸"：技术革命下身体的媒介化范式——基于补偿性媒介理论的思考》一文中以保罗·莱文森的补偿性媒介概念为出发点，强调在互联网时代，身体本身通过媒介得到呈现，成为媒介场域中的身体符号。喻国明（2022）的《算法时代社会深度媒介化的成因及其研究重点》一文聚焦于媒介技术的发展过程，强调"算法技术是社会数字化、网络化、智能化转型的基础设施与关键驱动力"，并阐释了以算法为代表的基础性新媒介正以自身逻辑改造社会，继而助推现实社会深度媒介化发展。这也是将算法与媒介化理论进行联系的重要尝试。陈昌凤（2022）也认为，元宇宙是深度媒介化的实践，将改变人类的社会关系和交流的性质。但不应过于强调媒介的建构力，忽视了人的选择。新近的研究成果中都强调了新晋媒介技术的代表——元宇宙作为深度媒介化的实践，同时也避免了落入单向度媒介逻辑的风险。

与此同时，围绕日常生活的研究也渐趋常态化进入媒介化研究视阈。周翔（2017）指出互联网的发展变化不仅是技术的更新，更是一种将媒介去介质化的综合认识和思维过程。媒介化对于网络社会中媒介在日常生活中的渗透现象依然是一个有生命力的解释性概念。彭兰（2022）在《媒介化时空重塑的日常生活》中强调"媒介化时空的泛化，不断造成对现实时空的入侵甚至遮蔽"。新媒体时代中，媒介不再只是承载信息流动的工具，而是进一步建构着人们的生活时空，人们的日常生活也因这个时空而重塑。人们的时间被媒介侵蚀，无数公私时间线在媒介空间中相互交织，久而久之人们逐渐丧失对现实时间的感知。与此同时，人们在媒介化空间中自我展演，"看见"与"被看见"自由切换，"现实空间也变成了媒介表演与分享的道具"。媒介化时空影响着人们日常生活的内在逻辑，这与欧洲媒介化研究中的"塑造力量"有内在的呼应联系。刘泱育（2022）《从"型构"到"互型"：媒介化理论核心概念"figuration"来龙去脉》一文便梳理了媒介化理论核心概念的发展与转变，根据社会现实建构新的译名"互型"以准确把握研究主题。其中"互型"的借用，也可以理解为对媒介"塑造力量"的认同解读。

移动视频特别是短视频社交媒体的迅速发展，让短视频这一媒介形式成为媒介化研究的新议题。彭兰（2020）指出，视频成为一种粘连生活与媒介的界面，现实生活和视频化生活也在相互影响且界限不断模糊。相较于以往的社交媒介形式，网络视频让人们的数字化生存从文字化转向视频化，视频直接映射了现实生活和物质世界。刘涛（2022）也认为存在使用门槛的微博未能下沉到社会底层，但短视频作为一种跨文化的通用语言，将社交空间延展，一个全场景无死角的全球社交体系随之建立。在人类生存的维度上思考短视频所打开的媒介想象力，或可以探寻社会构成的第四重逻辑——媒介逻辑。高贵武、赵行知（2021）通过考察以短视频为代表的视觉传播形态与传统媒体融合发展的实践，指出在万物皆媒的环境下实现有效的媒介化生存，必须依赖与媒介连接构建社交关系；在视觉文化占主导的现代社会，通过视频获取社会信息，诉诸视觉表现传达社会信息同样成为视觉转向的必需。

从交际建构的框架出发，身份认同是视频化、数字化生存的重要议题。短视频平台用户的交往实践即身份的交往，将用户的身份建构纳入媒介化、深度媒介化的研究视阈内，或将为理解当下社会产生的变化趋向找到值得关注的坐标点。

结合国内外研究现状，本书采纳 Hjarvard 对于媒介化的概念界定，即社会的媒介化是指社会对媒介及其逻辑依赖性增强的过程，以短视频平台中资源分发及运作的方式为框架，论证短视频平台用户身份建构媒介化进程的表征及逻辑。同时，避免陷于制度主义和建构主义的局限，为驱动媒介化的深层力量与基础性要件建构路线图。

1.3.2　社交媒体身份研究

身份的概念是有关"自我"建立的关键，自我概念在 Rosenberg（1989）看来，是一个人以自己为对象的思想和感受的总体，而身份是我们为他人所知的自我的一部分。本书所探讨的短视频平台用户身份建构问题，即围绕这一概念展开。戈夫曼（1959）认为"自我"的概念是社会互动的产物，身份的表现是通过"表演"来实现的，这些表演涉及编辑的建构，自我的版本是精心设计的，包括脑海中的观众，身份是"合作的表演团队"共同构建和展示的。在长期的身份建构研究中，研究者们仍普遍采纳戈夫曼的理论框架，将社交媒体上的大部分活动概念化为自我呈现的形式之一。

西方社交媒体身份（在线身份）的研究主要围绕形成目的、策略和影响等议题展开，研究情境集中在 Facebook（脸书）、X（即 Twitter，推特）、YouTube（油管）、Instagram（照片墙）等社交媒体平台而非短视频平台。如 Harris 等（2019）在"Do Instagram Profiles Accurately Portray Personality? An Investigation Into Idealized Online Self-Presentation"中指出，不同用户的自拍、外表等都可以作为网络自我呈现的考察点，用户的身份构建过程具有可编辑性特征。MichiKyan（2020）在"Linking Online Self-Presentation to Identity Coherence, Identity Confusion, and Social a Nxiety in Emerging Adulthood"中提到，不同的用户在社交媒体上的信息发布有不同的爱好，他们会偏向选择认为能展现自己好的方面的内容进行自我呈现，塑造一个正面的形象。"A Literature Review of Online Identity Reconstruction"一文中总结到，人们可能会在网上重建自己的身份，以满足各种社会需求和安全需求，如提高性吸引力、探索身份和保护隐私。人们在网络上重塑自我身份的主要策略有积极自我呈现（如呈现理想自我）和虚假自我呈现（Huang et al.，2021）。这也代表了主流的在线身份研究思路。社交媒体身份（在线身份）的研究正如 Marwick（2012：355 - 364）担忧的一样，身份可以意味着主观性（我们如何看待自己）表征（身份的不同方面如何在文化和媒体中被描绘）或自我呈现（我们如何将自己呈现给他人）。但大多数关于在线身份的研究都集中在自我表现上。

部分学者也将目光转向了对社交媒体平台的反思和批判，从媒介环境学的视角审视在线身份。van Dijck（2013）指出，相较于促进在线身份的形成，社交媒体更是用户、雇主和平台所有者为了控制在线身份而展开斗争的场所。他讨论了公共身份通过不同平台接口塑造的策略，强调 Facebook 和 LinkedIn（领英）似乎都是规范行为塑造的强大参与者。Bozkurt 和 Tu（2016）指出在线社交网络是真正强大的环境，是由人类自身而不是数字代码驱动的生态系统。Hongladarom（2011）在"Personal Identity and the Self in the Online and Offline World"一文中提出预判，在自我与个人身份的领域中，正在发生着一种离线与在线的融合。这种融合似乎也反映了这样一种观点：线下的自我和线上的自我最终都是构建出来的，甚至现实本身也不过是一种信息。Gündüz（2017）认为社交媒体是一根魔棒，在这个平台上，每个人都可以复制数百次，并将继续复制。一方面，社交媒体让人们表达自己；另一方面，它也带走了人们的可信度和可靠性，将其物化为平凡之辈。

对于短视频平台用户的自我呈现行为，国内学者更多关注日常生活中的身份在短视频社交媒体平台的映射以及新的在线职业身份塑造（如短视频直播主播等），普遍沿用戈夫曼的拟剧理论，以典型的群体或个人为代表，管窥用户在媒体平台的身份建构策略，反思平台在身份建构过程中的干涉与影响。涉及的研究对象包括乡村女性、青年群体、学生群体等。如栾轶玫和张杏（2021）在《中国乡村女性短视频的自我呈现与话语实践》中发现，中国乡村女性短视频呈现具有"类型多样化、内容多元化和形象立体化"的特点，并进一步指出乡村女性短视频呈现背后存在的隐蔽的权力话语和社会操控。高原（2021）在《"数字劳工"的呈现与建构——基于小镇青年短视频的拟剧化研究》中指出，在短视频中展现出来的小镇青年，表面上在平台内呈现出各种各样的复杂形象，实际上内心深处却高度一致地体现出对于自身的不满和对美好生活的向往。随着短视频平台从社交媒体向 Everything App 演进，目前的"自我呈现研究容易沦为生活片段的'描述性'讨论"（董晨宇，丁依然，2018）。

如果以媒介化理论审视既有的研究，会发现学者们注意到媒介平台对用户在线身份的型塑力，却未能解释型塑力背后的逻辑。与此同时，当我们意识到了线上身份和线下身份的融合，那么随之而来的交往目的、互动关系、收益以及身份的流转、消散又产生了怎样的新变化？这些问题无法简单地以媒介"化"一言以蔽之。不同类型的社交媒体的技术基础、设计逻辑差异也需要区别对待。既有身份在社交媒体中的适应性调试，并不能完整研判媒介与身份建构的关系，而重新回到"影响—被影响"的研究结论中。

1.3.3　研究问题的提出

当媒介化生存已经成为当代日常生活的基本样态，人们开始习惯在社交媒体场域中进行个人身份的建构、自我形象的展演以获取相应的社交资本，构建自身的社交网络。随着短视频平台的快速兴起，学界的研究旨趣逐渐过渡到短视频社交媒体的相关问题上。从既有的研究来看，多以现象学和媒介环境学的角度回应用户心理和行为的变化，进而揭示身份建构的嬗变轨迹。对于用户身份建构的研究鲜有媒介化理论视角的观照。特别是在拟剧理论的框架中积累了可靠的研究经验，遮蔽了对短视频平台用户身份自主性转向的认知，面对复合式传播中的身份型塑力量未能做明确的阐释。

首先，视觉化的转向让以往社交实践的区隔边界迅速消散，经典展演理论中的前后台区分，观众隔离、流露隐藏面临失灵的新挑战。特别是短视频直播的兴起和繁荣，加速了日常生活与媒介生活界限的融合，短视频嵌入了日常生活的深层结构中，事实上消解了社交媒体身份的匿名性与互动的延时性。短视频社交媒体的在线身份不再仅仅是用户的某种"分身"。线上身份与线下身份的重叠度无疑要比之前的社交媒体实践更高，这也导致所谓的表演逐渐生活化。既有研究聚焦日常生活身份在社交媒体中的映射和改写，考察作为中介的社交媒体如何串联不同的自我呈现，没有突破工具理性和技术决定论的狭隘影射。我们谈及身份之时，已经无法将人们的媒介（线上）身份剥离，特别是在短视频平台占据统治地位的媒介实践中，应以互构、交叠、融合的维度重新审视用户身份。

接下来，需要关注短视频平台用户身份的自主性与媒介平台之间的结构张力。二者的关系既是媒介平台"塑造力"的体现，也是用户身份为实现诉求的适应性调整。如果说媒介化研究强调媒介穿透社会生活的过程，那么从这一视角出发，本书关注的第一个问题是：**短视频平台用户身份媒介化的表征是什么？**

其次，媒介化理论提出了媒介逻辑的核心/潮流概念，各流派也都充分论述了媒介对诸多社会、文化领域的不同形式的塑造力。但媒介逻辑的研究很少考察相当长一段时间内和大量时间节点上的时间变化，而多集中在一个单一的时间段（郭静，2022），造成概念集合的热闹场面却难掩断裂和失效。同时，媒介化强调因果关系，但在解释媒介实践时留下了大量的真空地带，缺乏具体的微观的实证研究支持。

因此，基于当下媒介化实证研究的空白，聚焦于规则以及资源配置，本书关注的第二个问题是：**短视频平台的媒介逻辑是什么？**

最后，尽管"媒介化"的理论演变成一个强有力的范式或研究纲领的潜力"仍然不确定"，但这并不意味着"当代社会和文化的常识性特征"不重要。遗憾的是对于媒介化的驱动力，尚存在诸多灰色地带。如果媒介化理论存在一个在历时性上也成立的底层解释——一个从媒介介入社会生活开始后就存在的底层解释，以明确媒介不证自明的影响力和媒介中心作用的缘由，就不会陷入对日新月异的媒介形态的"补救式"解释，在不同媒介平台、不同 App（甚至 App 的形式也会被取代）间疲于应对。

因此，本书关注的第三个问题是：**媒介化进程的驱动力是什么？**

短视频平台的商业属性意味着大多数用户身份表达的空间都是被商业结构左右的。由于人们越来越多地被鼓励将自己的身份构建和定位为供他人消费的商品，以媒介化理论的视阈观之，人们塑造自己身份的能力受到媒介的影响。这使得我们分析自我呈现的商品化的动力变得更加重要。

学者邵培仁和邱戈（2006）曾对 Hayes 和 Stratton（1988）所提出的身份概念予以充分肯定，即，身份就是一个个体所有的关于他这种人是其所是的意识。按照邵培仁先生的解读，可以从两个方面来理解身份：首先是客观实体因素，包括性别、种族等；其次是对身份的认知。两个层面不可分离。身份通过被承认或认知才存在。许永超和陈俊峰（2015）曾经指出，随着社交网络使用程度的不断提升，线上线下的社交网络出现了"时空断裂"，继而促使广大群体的用户行为逐渐从单纯记录向个人意愿表达、表演层面转变。在短视频平台所带来的信息丰富、形式多样的交流互动背后，仍然是研究者所警惕的浅层次社交。用户对"人设"的认同与自觉使用或折射出身份的扁平化与标签化倾向。如果将研究的触角向更深层次探寻，身份的标签化结果并不止步于社交活动的深入与否，或者说，作为身份确认的结果，人设标签指向的是用户身份设计、流通、价值等一系列表征。当短视频平台用户认领了身份的标签化，这就为用户接受在媒介平台活动中将身份商品化的承诺提供了可能。在社交活动之外，身份的扁平化也必然在平台更深远的氛围中与其他社会活动形成呼应。因此，在探讨短视频平台用户身份建构机制以及用户、媒介平台关系前，作为研究的背景，调查分析用户对"人设"的感知与承认，有助于了解用户对身份的整体认知情况。围绕"人设"识别、确认所展开的媒介平台活动索引，将为理解用户身份在平台中感知到的"塑造力"提供路径。

　　"人设"原是日本动漫界的专有名词，指的是作品中人物的基本情况设定。它实际上是创作主体的一个主动设置的过程（吕鹏，2021）。在短视频平台中，"人设"是用户身份具象化的标签，是对用户的平台身份特征的高度概括。它已经成为短视频平台的流行词汇，也是用户媒介活动的索引。既包括对他人的检索，也包括对自我的推广。围绕平台进行互动联系、学习、生活、工作的用户对"人设"的普遍性和合理性呈现出高度认同。

　　围绕短视频平台用户之间的关系，现阶段的研究多有偶像—粉丝的路径依赖，滞后于用户的媒介实践。从平台用户对"人设"的普遍接纳来看，用户关系存在隐秘的商业化可能，至少，对"人设"标签的认可透露出对用户身份自觉或不自觉商品化的表征。用户身份建构目标有强调变现的转向，这反映出用户在身份建构的实践中，对平台特别是占比最高的抖音、快手两大短视频平台商业设计的接纳。如果短视频平台与用户默认了用户身份商品化的承诺，那么商品化的组织实践一定有着清晰的纹理，左右着用户的身份及其生活被短视频平台的运行模式收编的进程，用户身份的自主性或产生变化。

　　本书将调研分析用户的身份建构商品化过程——这个过程是市场趋势和技术发展的结合——深入研究用户身份商品化与短视频平台媒介逻辑之间

的联系，并强调将媒介化分析纳入身份的学术讨论的必要性。最后，回到媒介化的理论，更新媒介化研究中有关媒介逻辑和媒介化进程问题的理解。

在接下来的章节中，以身份商品化的进程为线索，依托生产、运营、营销的观测点，尝试从商品流通的维度将用户身份进行解构分析，探究短视频平台对用户身份建构的"媒介化"痕迹。对这一事实的确认将有助于我们理解媒介化的进程，以及对短视频平台媒介逻辑的具象描述，为媒介化研究中亟待澄清的问题提供合理的答案。

第 2 章　　　短视频平台
用户的身份生产

在时间跨度近半年（2022 年 7 月到 2023 年 1 月）的调研中，笔者对 41 位短视频产业的参与者（含 8 位主播、7 位 MCN 策划/运营、18 位直播间观众、4 位企业品牌代表、4 位短视频账号代运营公司管理者）进行了半结构化访谈（见表 2 - 1），涉及短视频平台用户身份的生产、运营、消费各环节，为总结、研究、梳理短视频平台的媒介逻辑提供了翔实的论据，也为反思媒介化进程做了背景、线索的准备。从调研所获的信息来看，短视频平台对用户身份存在系统性的商业化篡改，短视频平台的用户实践活动与商业活动深度捆绑。

研究的短视频平台以抖音平台为主，辅以快手平台与小红书平台。选择上述平台是因为它们市场占有率高，日活用户数占比高，在短视频平台中具有显著的代表性。访谈对象中的主播、观众普遍跨平台注册、开通了账号；广告商与短视频账号代运营公司的业务也覆盖全部主流短视频平台，访谈对象所属工作单位注册地集中在中国东北部地区 H 市，但经营业务范围除 H 市之外，涉及多个城市。因此，选择这 3 个平台能够反映出当下短视频平台生态的共性特征。同时，就研究目的而言，短视频平台的页面设置差别以及用户的地域分布不会对研究造成不容忽略的误差影响。绝大部分访谈对象的从业年限、短视频账号注册时间均在半年以上。部分访谈对象的年龄、从业/注册时长信息未提供。所有受访者都经过了化名指代处理。

调研对象除观众外，多为职业或者准职业化的短视频平台用户，考虑的问题有两个：其一，作为企业的短视频平台的商业诉求公开且明晰，在人社部公布的新职业中，围绕短视频平台从业者的一系列身份得到了合法化的确认，因此职业与准职业用户的代表性无法忽视；其二，未完成职业化的用户，如以浏览、娱乐为主要活动的观众和非营利性组织、机构在短视频平台的活动同样受到媒介逻辑的规制，同时研究假设这类用户仍旧在深层次上纳入影响力的价值逻辑且未对其产生改写。譬如我们无法否认关闭了打赏功能的用户也同样以数据流的方式为平台的运转提供数据贡献，即便这一贡献以更隐蔽的方式完成。

表 2-1　调研对象基本情况一览表

	姓名	性别	年龄	从业/注册时长	访谈方式
主播					
1	A	女	—	2 年	参与式观察
2	B	女	—	1 年	参与式观察
3	C	女	—	半年	电话访谈
4	D	男	21	2 年	电话访谈
5	E	女	—	1 年	电话访谈
6	F	女	—	2 年	电话访谈
7	G	女	—	17 个月	电话访谈
8	H	女	—	1 年	参与式观察
MCN 策划/运营					
1	甲	男	27	3 年	电话访谈
2	乙	男	27	3 年	电话访谈
3	丙	男	25	14 个月	电话访谈
4	丁	女	—	2 年	电话访谈
5	戊	男	24	1 年	面谈
6	己	男	—	半年	电话访谈
7	庚	男	—	半年	电话访谈
观众					
1	赵	男	—	6 年	电话访谈
2	钱	男	22	2 年	电话访谈
3	孙	男	22	不详	电话访谈
4	张	女	34	3 年	面谈
5	翟	女	20	不详	面谈
6	顾	男	—	4 年	面谈
7	徐	女	—	不详	面谈
8	郝	男	37	不详	面谈
9	袁	男	22	3 年	电话访谈
10	左	女	22	不详	面谈
11	庞	男	37	不详	面谈

（续上表）

	姓名	性别	年龄	从业/注册时长	访谈方式
12	宁	男	38	5 年	电话访谈
13	邓	女	22	5 年	电话访谈
14	白	男	55	不详	电话访谈
15	金	女	35	1 年	电话访谈
16	阚	男	30	2 年	电话访谈
17	彭	女	31	不详	面谈
18	伊	女	44	不详	面谈
企业品牌代表					
1	李	男	—	4 年	电话访谈
2	吴	男	—	不详	电话访谈
3	王	男	—	5 年	电话访谈
4	迟	女	59	不详	电话访谈
短视频账号代运营公司管理者					
1	周	男	35	5 年	面谈
2	郑	男	33	2 年	电话访谈
3	董	男	33	2 年	电话访谈
4	高	男	—	不详	电话访谈

2.1　身份生产的商品化导向

用户登录短视频平台进行媒介活动时，即面临"成为谁"这一问题。无论是主播、场控，还是消费者、游客，身份的确定性或者随机性并非全部指向劳动，但皆指向身份的生产活动。判断的依据来自用户与平台的连接所产生的数据信息。从表面上看，相较于其他社交媒体形式，音视频信息流为主的短视频平台为用户提供了丰富的身份想象力与表现力，从而使用户获得自我认可与外界认同，但更深层次的身份生产动因或与短视频平台对用户的商业暗示、引导相关。以社交互动为产品属性的短视频平台是如何将交往、连接转换为可调控的商业循环的？从用户身份的生产环节开始，短视频平台用户所面临的自由与约束，皆映射出线上身份建构嬗变轨迹的复杂性以及与平台的媒介逻辑协商的曲折性。

在商业互联网初期，用户身份表达通常以两种形式出现：通过交流互动和在"静态空间"内。移动互联网交互从纯文本向多模式转变，融合了音乐、视频、动画和图像等多要素的短视频平台为用户身份的商业化提供了技术氛围，短视频平台用户的快速和大规模增长促成平台内容和平台文化的公开转变。短视频平台一方面为用户提供了娱乐价值，同时也提供了建构理想化身份获得认同以期取得潜在收益的路径，在貌似开放性的选择面前，用户无法远离媒介身份变现的逻辑，区别在于以主动或者被动的方式接入并以此设计媒介实践。

2.1.1　模仿拼贴：平台认同的倾向

短视频平台的"游戏规则"作为隐形的规范，为模仿行为提供了富有成就感和规范性的行为指南，预示着潜在的分享流量红利的机会与可能，这是一份开放的用户身份建构学习指南。平台对于视听内容生产的把控从为用户快速融入平台生活提供便利开始，身份的确立将帮助获取用户的留存，以产生数据流。自我展示，如庆典般的日常生活分享可迅速帮助用户间确认互动关系。模仿意味着快速接入，同时也意味着乏味。尽管各个平台对于抄袭、搬运、洗稿行为都有明确的申诉和反映渠道，可抄袭与模仿的界定标准存在解释的弹性，在确保原创知识产权得到保护的前提下，模仿行为是可以被平台接受的，同时模仿行为的改编或改写也会成为新的被模仿行为。重要的是，这一过程所产生的数据流对于平台而言才是更值得关心的。这或许可以解释短视频平台内容的同质化。"模仿"对用户而言是学习本能，对平台而言是驱动用户保持活跃度的手段。

"拼贴"意为一种即兴或改编的文化过程，客体、符号或行为由此被移植到不同的意义系统与文化背景中（约翰·费斯克，2003：1）。短视频平台的用户制作内容中有一类被称为"切片视频"①，即将用户直播时的画面剪辑成的短视频。视频的内容可以是直播间的高光时刻，也可以是讲解商品的内容，或者是日常短视频内容的重新混剪拼接。带有鲜明剪辑风格和逻辑线索的高质量的切片视频，也可以为拼贴账号用户获取优质的自然流量。而作为被切片对象的短视频平台用户，在复刻的传播过程中，也完成了身份影响力的扩散，原始账号和切片账号形成了流量互惠的关系，具有流量影响力的原始账号通过授权的方式允许这种搬运、切片行为，形成矩阵传播模式，增强自身媒介身份的变现能力。当模仿和拼贴行为产生了流量爆点后，被模仿和拼贴的对象往往会采取积极的互动回应方式，继续提高视频内容的热度，维系影响力。改编方式既是视听内容的具体拼贴，也是文化符号的抽象拼贴。这种自发或者有组织的行为抽离了原始视频内容的背景，重新赋予了其意义和逻辑。在官方流量推手之外，用户形成了一套完整的影响力扩散机制。媒介身份复制和拼贴的数量是影响力的基础，也是影响力的衡量指标点之一。一旦原创内容兑现了流量红利，模仿和拼贴行为就会接踵而至，吸引更多用户参与其中，尝试复刻引流。

用户在面对短视频社交媒体中的多样身份——人设时，充满了复杂且矛盾的认知，一方面对身份真实性持怀疑，对视频主播的身份不抱以期待，能够对线上身份的展演特性有清晰认识；另一方面又对账号间作品内容的抄袭有较高的道德敏感。我们可以梳理出稍显悖论的事实：对于短视频身份真实性的怀疑与对身份统摄下的内容丰富性的期待统一在了用户的认知中。即便我们不够相信，但仍期待多样化的用户体验。这与用户在其他商业化的视听内容活动中的消费心理趋同。即，用户默认了短视频社交媒体身份建构的底层商业思维逻辑。

MCN 策划/运营乙认为复制粘贴是账号内容重要的生产逻辑：

① "切片"为短视频平台网络词汇。用户将目标视频重新剪辑、发布，利用原始视频流量热度为自身账号引流。原始视频作者通过授权的方式，形成内容的矩阵式传播，以扩大影响。

起号的前期得做达人对标，否则你自己立人设初期流量肯定不够干啥的，你抄都不一定能抄明白。蹭没啥，大不了在段子中圈一下原创就行。除非是你要培养的主播自带流量，或者是转到你这儿来的，那就是另一回事儿了。

短视频社交媒体的程序设计中也为模仿和拼贴提供了清晰的路径，用户可以为上传的音视频作品添加标题，以便与"热门作品"联动，同时通过加标签的方式，如领域标签、内容标签、热点标签等，方便平台将作品精准地推送给用户。以抖音为例，用户在发布视频的页面可以看到"关联热点"，在"创作热点"界面可以寻找合适的热点及话题，在平台的引导下，完成"蹭热点"的内容投放。

短视频平台的商业推广中始终强调差异化共存，以及差异化带来的自我认知的独特性和稀缺性，这成为用户在打造个性化 IP 时坚持捍卫的标准——即自身的独一无二，因为"独一无二"而具备了身份建构的道德感和优越感。在这一点上，平台、用户、流行文化达成了口径一致的妥协：独特是值得肯定的，无论是审美上还是作为商业竞争的比价优势上。然而与之相悖的是，热门 IP 所带来的巨大的流量红利让模仿成为最简单的身份建构捷径，从演艺活动到着装设计，从行为举止到语言风格，从口播文稿到摄录方式……对热门的模仿成为公认的获得流量关注的便捷操作，与热门、热点保持高度同步，成为留在流量竞赛中的必要条件，以模仿为底层逻辑的流量追逐悄然解构了对于独特性的追捧。身份建构的趋同没有阻碍创新，但热门、热点所带来的流量担保暗示引发的效仿行为证实了平台在热点设置上具有强大的掌控力和话语权。平台的引流和限流导致海量的模仿行为，逐渐沉淀出短视频平台用户的行为模式与身份建构趋向，而这种趋向也外化为平台的用户特征和风格竞争差异。差异化的趋向构成平台具有独特性的商业价值。不论是快手的"拥抱每一种生活"，抖音的"展示美好生活"，还是小红书的"标记我的生活"，都源自平台对用户行为习惯的长期规训和引导。平台逐渐形成清晰且具有边界感的用户身份特质，同时持续不断地影响着新用户的平台选择。选择平台，就面临用户的媒介活动。只有遵循平台设计的逻辑"入乡随俗"，才能获得认同。用户的身份建构风格存在自主选择和设计空间，自决的前提是用户需要对平台的流量分配模式暗示脱敏。更受"欢迎"意味着用户可以形成并且保持在线身份的竞争力，用户身份是否需要调试以适应该平台用户的喜好就成为自我反思的重要命题。在平台通过多种维度的数据排行榜、流量池推送、热门视频展示等方式的佐证下，用户身份建构纳入平台认同逻辑的考量，无法获得平台认同的结果只有两个：身份、行为重新调试或者更换短视频社交媒体以期适配。

主播 A 在谈及跨平台身份建构时认为需要对平台受众喜好以及平台推流的逻辑加以区分：

因为有些人把两个号都关注了，那你就没必要弄两个差异挺大的人设，但是抖音和快手的流量玩法是不一样的，快手有点儿偏私域流量那种，看以后的情况吧，一定会有一头是重点，不适合的那个就挂着，毕竟哪头有流量重点顾哪头啊，粉丝稳定了，收入才有保障。

模仿拼贴行为作为用户身份生产的路径之一，在平台的引导下具备了获得流量奖励的暗示——即便这种暗示并不具备任何的承诺价值。平台不断更新热点、热门短视频，用户在模仿拼贴中生产自我身份，投入流量追逐的机制之中。短视频平台在用户的生产活动中制造流行、调试流行、终结流行，模仿行为的奖励机制证实了平台对用户身份建构的潜在干预。以怎样的方式、趋向怎样的认同模式建构自身的社交媒体身份，成为一个需要实时被提醒校验的问题。首先必须承认，媒介影响只是身份建构的一个因素，且媒体与用户身份存在相互作用的复杂性，而对于可模仿和拼贴对象的流量扶持不具备强制性。其次，身份的标准化与商业化是叠加过程而不是单纯的线性过程。我们在尝试厘清用户在短视频平台建构身份时的考量要素和驱动力时，需要意识到流量以及流量背后的商业价值渴望是连接短视频平台和用户的共同诉求。用户在短视频平台的活动中，发现、适应、总结平台的推流规则；平台则在流量引导的过程中发现用户的喜好并给予流量奖励以提升用户的黏性。用户建构的媒介身份是兑换流量的抽象筹码，模仿与拼贴是行之有效的方式之一，以取悦订阅者为导向的逻辑造成用户的现实身份与媒介身份的叠加态受到隐身的平台规则影响。如果用户能够坦然面对流量的巨大差异，消解"竞品"思维引发的身份迷思，则从个体层面摆脱了平台规则的控制。但无法否认的是，模仿拼贴行为仍然在用户的媒介实践中广泛存在。短视频平台中的用户在线身份多样性在商业化的语境中承受着潜移默化的规训，并承受着复制粘贴带来的单一性的风险。媒介身份趋同的合理性和便利性服膺于平台的商业想象，热点爆款成为具备流行可能的媒介身份展演的标记点，这引导着用户对照自身，调试媒介身份的建构行为。

模仿拼贴行为不仅发生在社会身份缺乏影响力和关注度的普通用户中，拥有流量加持的社会身份的用户也通过模仿热门视频和流行梗的方式表达自身与平台权力话语、互动模式的融合，展露媒介身份的适应性和合理性。对模仿拼贴的认同加速推动了狂欢的达成，呈现出互动群体的身份边界感，暗示自身身份的可被接纳。短视频平台的排名逻辑和竞争意识渗透，让用户的"对标"意识整合进在线身份的建构中，让他们在取得社会认同的尝试中，观摩、审视与自己接近的用户身份的建构特征。经过流量"赛马"竞争脱颖而出的用户产生的示范效应是用户无法回避的暗示。这样的逻辑掩盖了一个可能不合时宜的讨论：以流量来评估媒介身份建构的成功是否具有适当性？如果忽视短视频平台呈现的流量崇拜现象的话，答案显然是否定的。但如果依照流量与商业转换率来评估，对谋求商业利益最大化的平台以及用户身份账号而言，流量在某种程度上的确对于媒介身份的影响力评估有着不容忽视的作用，而在线身份影响力所关联的商业变现势能使得身份建构的模仿行为具有了直观的说服力。

围绕流量激励逻辑与实践，短视频平台为用户的在线身份建构提供了可执行的模板，在给予用户身份生产便捷性和易操作性的同时，暗示了与平台媒介逻辑趋同的奖励，也明示了用户身份生产的竞争话语。

2.1.2　流量红利：商业主义的暗示

作为移动互联网生存景观的一部分——急速发展的短视频嵌入了人们的生活、学习、工作、交往与自我认知。无论是以浏览、围观活动为主的用户还是通过制作视听节目、搬运内容获得收入的职业主播，都越来越依赖短视频平台来塑造身份、组织社会实践。短视频平台用户的在线身份符号流转于流量、热度、带货、变现的信息流中，呈现出日渐清晰的商业逻辑指向。以短视频平台为代表的社交媒体已经转变为一个用户身份被鼓励沿着创收路径进行生产、消费的空间。

短视频账号代运营公司管理者郑谈及流量红利时对流量的购买直言不讳：

几年前做号，基础流量加上爆款内容引流很快，自然而然地变现也很容易，大家都挺有干劲儿的。这几年情况还是有一定变化的，从平台购买流量价格越来越贵，同样的费用实际上购买到的流量是贬值的了。平台搭建了，给了你做号赚钱的条件，不能只是白忙活啊，所以你用人家的平台，买流量也合理，因为你最终能得到实惠。都说我玩抖音就是玩玩，其实都一样，你看他有了十万粉丝后带不带货就完了。没条件的时候就说玩玩，有流量立马就奔钱去了，到啥时候说啥话。

移动互联网时代主要的媒介形式，从 Vlog 到短视频、直播，拍摄视频、观看视频成为人们表达、观察的主流方式。是日常生活决定了视频拍摄内容，还是为了发布的拍摄活动成了日常生活？自制视频作为一种媒介，对社会更深远和隐匿的影响在于：它已经不再止步于日常生活的记录，而是正在定义、塑造、改变着日常生活。尽管短视频社交媒体平台在商业宣传中普遍强调对日常生活的展现价值及意义，并尝试以平实的日常生活碎片作为平台商业目的合理包装，但考虑到丰富的视频美化工具与视频剪辑模板，日常生活的短视频呈现与视听娱乐节目、剧情短片的内涵更为贴合，日常生活与电视秀的逻辑同步性在悄然增强。学者彭兰指出，媒介化时空影响着人们日常生活的内在逻辑，媒介烙印被刻入日常生活。人们的生活越来越多地以社交媒介中的存在感为目标，现实生活也变成了媒介表演中的剧目（彭兰，2022）。视频社交媒体正以一种不易察觉的方式构成我们生活的基础，这正是媒介化研究中指涉的"穿透"过程。平台鼓励用户将他们的线下社交活动和社交关系转化为在线数据。媒介化的进程中，"技术决定论"或者"驯化"都无法准确概括用户与平台的关系，用户对媒介身份商业化可能性的热烈响应加剧了对平台的依赖程度，这与平台的商业设计逻辑不谋而合。无论是否以商业变现为初衷，视听内容生产都对商业化实践习以为常。一方面，短视频平台用户，特别是专职的视频内容创作者（团队）积极主动地生产受众喜欢的视频产品以获得商业变现的可能——且平台为用户规划了完整的商业模式；另一方面，短视频平台作为实际的视听内容生产组织者与把关人，自身也在完成媒介逻辑的调整与强化，鼓励更多的普通人的日常生活镜像出现在短视频信息流中，有选择地吸纳视听内容的生产方式并深度参与视听内容的生产过程。商业互联网公司为了从在线社交活动中赢利，需要找到复制线下社交的方法并将其迅速地货币化。随着人们在互联网中移动，社交生活越来越多地转移到网上，空间的交叠、冲突意味着人们将与商业化身份的现实密切联系在一起。个人信息的展示何以成为在线商业实践，或可以帮助我们深刻地理解媒介化进程对个人与社会内涵的改写。商品化进程背后的推动力量也非媒介逻辑可以简要概括。

　　主播 C 在评价自己的工作时，流露出短视频平台对于用户身份的认知影响，线上与线下的交叠增加了作为职业的商业回报预期：

　　当主播累不累？要是有直播大哥捧场，就是唠嗑呗，唠嗑能挣钱累点也没啥，人家咋不找别人唠呢？就是你能让他信任，又对他生活没啥影响，你也不用管他是干啥的，他也觉得你挺真实，那就唠五块钱十块钱的呗（笑），话疗服务吧，算是。唠好了就会想微信单聊，再就是见面，但你要得多就花得多，对吧？

但问及是否会按照预期向线下见面发展时，C明确表示了拒绝，并认为这会破坏默契，影响与其他粉丝（用户）的关系维系。

身份和商品之间的联系并不新鲜，也不局限于移动互联网领域，学者们早就理解了商业背景下的身份形成。在Giddens（1991：54）所说的"后现代性"中，一个人的身份不再是固定的或固有的。相反，身份是由个人创造的，并成为一系列复杂的、变化的产品的使用和消费之间的谈判，这些产品的功能是象征符号（其意义是由社会环境固定的）。由于人们越来越多地被鼓励将自己的身份建构和定位为供他人消费的商品，这一过程变得更加复杂。身份转变为商品的同时，促成自我商品化的动力同样值得关注。在移动短视频普及之前，我们谈论的"用户身份"与商业价值的对应关系并不普遍，用户的价值实现也未深度卷入到商业模式的想象之中。在线身份建构混合了既有媒介特征的定义与媒体用户的日常生活界定，即便会有冲突与分歧，也尚未写入商品化的基因。随着媒体对社交关系的重视——无论是复刻的还是再造的——在以密集视听符号为特征的社交媒体崛起后，用户的身份建构逻辑产生了诸多值得关注的变化。

首先，短视频平台利用算法为个体分配流量，而流量和曝光度的增加正是平台定义的用户在线身份"增值"和媒介影响力"跃迁"的重要标识。为鼓励用户投身到流量热度的追逐中，平台持续性地渲染获得关注的用户的造富神话与声誉光环，从而为用户明晰地设定了商业变现远景。无论是用户的礼物打赏、主播间的PK对战，还是直播销售员的直播带货、达人的广告合作推介，流量都意味着与商业逻辑对接的交换物，即用户粉丝量、点赞量决定了用户在商业变现过程中的议价能力，用户的媒介平台影响力决定了商业赢利能力。需要明确的是，流量不是短视频平台诞生后才有的概念，以流量的影响力转换为商业回报也不是短视频独有的媒介逻辑，发展成熟的传统广告行业已经具备充分的实践积累。但短视频平台将流量诉求与最广泛的用户的在线身份建构逻辑更直观地、系统性地连接在一起，让短视频平台用户大幅压缩了以往需要更长期才能获得的变现实践。各个短视频平台经常提及的"流量扶持"就是影响力逻辑的直观显现。通过由媒介平台逻辑确定的分成比例、提现方式、激励机制等，用户所建构的在线身份影响力——流量才具有了变现的可能。短视频平台所提供的免费的在线身份建档，便是平台及用户商业化实践的起点。

其次，明确了用户媒介身份塑造的目的之一：持续性地获得商业回报。平台充当了用户在线身份变现的中介以及变现规则、变现折算率等重要原则的制定者和事实上的责任人。短视频平台中的用户在线身份出现了默认的共识，即商品化的个人 IP 嵌入商品的流通交易。马克思主义政治经济学将商品定义为："首先是一个外界的对象，一个靠自己的属性来满足人的某种需要的物。"（马克思，2004：47）用户在短视频平台中的媒介身份被平台与受众赋予价值——情感欲望价值、社交价值、信息价值等，用户建构的身份符号逐渐具备了商品属性，尤其是当流量本身都成为可交易的商品，经营在线身份的商业目的成为短视频社交媒体平台区别于既往社交媒体平台的特征之一。

2.2　身份生产的商品化路径

2.2.1　情感劳动：可预见的回报

阿莉·霍克希尔德（1983：137）通过对航空空乘人员的分析，提出了情感劳动（emotional labor）这一概念，即"通过对情感的整饰而创造出某种公开可见的面部展演和身体展演"，并分析了情感商品化的过程。在短视频平台共通的瀑布流的信息推送模式中，媒介时间被大幅压缩，短视频平台用户对于"共情"的效果期望提高。为了强化与受众的共情，短视频平台用户将不可避免地增强这一互动仪式的情感能量，并为此付出更多的情感劳动。而情感劳动的主体即短视频社交媒体的在线身份成为可用于交换的劳动产品（符号），无论用户是流量 IP 的主体还是其追随者，短视频平台都将情感劳动纳入商业回报逻辑中，投入生产，各取所需。

首先，用户的在线身份具备流通交易可能。除账号主体自然人外，MCN 机构孵化并运营大量短视频账号，且对视频内容生产具有实际的话语权和控制力。从近几年的 MCN 与短视频账号中的视频出镜者（常被认为是媒介身份的拥有者）之间的法律、商业纠纷事实来看，账号归属权捆绑的是自然人的在线身份塑造和赢利的权益。短视频账号可以估值、转让、交易，连带在线身份的支配权与影响力也随之被流转、被交易。当然，不是所有的短视频账号都有参与交易的可能，但可交易的商业逻辑与路径都是明晰的。在媒介实践中，短视频账号具备商业属性是用户的共识。

其次，用户情感劳动的量化和估值成为常态。在线身份的影响力变现是各个短视频平台吸引用户注册加盟的重要因素，在不同的短视频平台上传视听作品（产品）、开直播意味着穷尽受众群体多样性的可能。当具备一定的订阅用户规模后，短视频平台用户的情感劳动就可以在直播带货佣金报价、星图报价、节目订阅、线下流量导出、粉丝礼物打赏中实现商业价值。短视频账号成为具备经济效益和商业价值的"广告位"或者"橱窗"，短视频平台用户媒介影响力的交换市场形成。"人、货、场"中的"人"是日常生活中的"人"深度媒介化后的投射，其作用在于以情感劳动促进消费行为的达成，日常生活中的身份建构逻辑必须服从、服务于短视频平台的媒介逻辑——追求流量和媒介影响力的增值，并加速其商业化变现的步伐。短视频平台通过跨平台链接跳转、平台自有购物车、自营商城、私域导流等方式组织引导商品交易，形成稳定的市场秩序。它与传统在线购物平台的重要区别在于，商品陈列展示与媒介身份展演深度整合在一起，媒介平台中的"人"是重要的中介和消费驱动力：商品信息的投放触达、消费行为的引导、美誉度与信任感的强化都在按照平台媒介逻辑改写后的日常生活中得以实现。其对"人"的符号意义的强化，丰富了日常生活消费的语义。消费对日常生活的"改写想象"在短视频平台中得到了完整实验。如前文所述，即使只想做一个不被"消费"卷入的旁观者，平台也为账号的订阅用户罗列了清晰的等级差异以及提升等级的商业化路径，随着充值、持续关注等方式，增值仅是作为旁观者的账号的权益，其身份的每一步跨越升级也都与情感劳动息息相关，尽管有时是在不自知的情况下。

2.2.2　打造人设：身份的适应性调试

打造人设（在线身份特征）是短视频社交媒体的准入需要，更是日常生活中商业逻辑扩散的必然。前文曾提及，短视频平台用户在情感劳动中维持与受众的互动仪式，并在这一过程中强化在线身份的辨识度，以增加流量竞争力，促成受众的情感能量投入，提高消费行为的完成率。在这一循环建构的过程中，用户在短视频平台中呈现的社交行为都体现出商品化的趋向。商业逻辑决定了免费注册使用的短视频平台对用户的引导、利用模式，平台的媒介逻辑和规则也改写了日常生活的商业路径与想象。

短视频平台在算法和大数据的加持下，制造不停迭代的"头部"用户和"热点"视听内容，以便为用户的模仿行为提供技术支持和流量奖励：合拍、话题、实时热榜（销售、热点话题、直播等）、音乐榜、直播榜等组合成的参照系为用户身份的建构提供了模板和帮助。在流量变现的预期下，模仿行为具备了充分的合理性与必要性。因此，追逐平台设立的热点，寻找自身在线身份的定位，并适时调整定位，让短视频平台上的在线身份更具备关注的潜力，成为型塑用户身份的依据。潜在经济利益驱动下的调整，暗合了商业消费的逻辑。在线身份成为区隔于日常生活的符号商品，可塑并且不断调整、更新，追逐更适应传播扩散的可能，甚至打造迥异的在线身份都是被允许和接受的媒介活动，衡量得失的关键在于是否趋势性地迎合了更广泛受众的喜好并成功转化为商业回报。线下日常生活中面临的身份变更风险在短视频平台中成为被鼓励的尝试，成为热点爆款是用户身份商业变现的基础，也是平台媒介逻辑的核心之一。目前在各大短视频平台大量出现的模仿借鉴行为，一方面证实了用户身份的符号特征，另一方面也映射出符号生产的商业化倾向——用低于日常生活的成本调试、改写在线身份以匹配平台的流量扶持逻辑，寻找可用于运转商业模式的受众群体。穿梭在日常生活场景或是在线戏剧化场景，身份可以被不断调试、整合、复制、删除；在线身份与日常生活身份的关系可以是密切关联，一体多面；也可以是完全割裂、悖反。影响选择的关键除了道德法规约束外，还有短视频平台施加的媒介逻辑压力：如何形成流量并使之变现。

企业品牌代表李坦言：

找主播带货也好，种草也好，其实我们希望的是未来品牌自己做，尤其是我们的产品很垂直，特别契合的人设也不太好找。要是自播就会好一些，起码人设是和产品、品牌天然绑定的。但问题也在这儿，流量做不起来的话对品牌伤害也是比较大的。光是有个声音，没转化，没啥意义。

从用户在线身份建立，即注册短视频账号开始，在平台内隐形的消费与显性的消费随即展开。而两种消费模式的区别之一在于是否借用平台提供的社交货币作为一般等价物完成消费活动。隐形的消费是以用户出让用户媒介注意力及媒介消费时间作为交换条件，换取对其他用户的观看（娱乐）体验，观看行为本身成为评估被观看用户身份账号媒介影响力的因素之一。显性的消费则需要通过短视频平台设置的虚拟社交货币来完成，如免费的点赞、表情、道具等，付费的音浪、礼物、直播人气票数等。短视频平台外的受众消费短视频平台用户身份的路径则整合了公关与数字营销的模式，通过与 KOL[①] 的报价合作，达到用户在线身份商业价值提升的目的。如最具代表性的直播带货，以及星图营销、探店、种草、打卡等。或者个人 IP 借助媒介平台开展的各项活动，如影视作品展映、线上文艺演出等。

---

　① KOL（Key Opinion Leader），关键意见领袖。指拥有丰富且准确信息，且为相关群体接受和信任，并对该群体的态度或行为有较大影响力的角色。

作为符号消费的代表形式，短视频平台的用户身份生产、流通、消费环节在社交逻辑之下，已具备了完整的商业逻辑表达。相较既往的社交媒体影响力间接变现，商业逻辑主导下的在线身份建构具有更强烈的日常生活媒介化色彩。与日常生活中的社会身份不同，短视频平台用户身份的可交易性将在线身份和线下身份的关系置于更脆弱的平衡关系上。线上媒介身份的载体——视听内容凸显了互动关系中对具身性的强烈要求，但是否为用户社会身份的投射并不是影响粉丝或者订阅者的关键。"所见"及"所闻"是左右用户对订阅账号主体真实性和好恶判断的重要因素。诉诸视听手段建构的在线身份经过批量复刻、生产后，具备了娱乐产业的运营基础。短视频平台在"连接—价值"模式中占据的优势成为新兴的娱乐业态逐渐壮大的基础，既往的娱乐产业存在连接门槛高、准入原则复杂且权力集中的特质，对于"人设"商业价值的认知普及度不高。在连接成本降低、价值增值的商业模式运转实施更便捷的当下，调试身份、打造人设，在平台的助推下，渐渐成为用户不证自明、自觉遵守的规则。与其说新的媒介平台创造了需求，不如说是用户"连接—价值"的需求被低成本地满足了。这才是平台高速发展的底层逻辑。媒介之"新"，"新"在了日常生活主动或者被动地被侵入和改写，这一过程以系统性和规模性的进程完成了对用户身份的重塑。

2.3　身份生产的商品化实践

2.3.1　隐性中介：身份生产中的 MCN 与直播公会

2021 年网络（表演）直播行业发展报告显示，2021 年中国网络表演（直播）行业市场规模达 1844.42 亿元，行业内共 11 家上市主体，中头部平台约 20 家。截至 2021 年 12 月，主播账号累计近 1.4 亿个，2022 年上半年新增开播账号 826 万个。网络表演经纪机构数量超过 24000 家，为直播

产业提供内容生产、分发、商业变现等支持。（文旅部，2022）

在本书调研阶段，作者所接触到的职业主播大多数都有自己签约合作的中介组织，直播公会与 MCN 所扮演的是中介的角色，将主播、短视频平台、企业资源和诉求做整合。对于以平台身份为职业的用户而言，生产的主动权和决定权基本为这两种中介机构隐性掌控。直播公会类似于 MCN 的线上版本。

广告变现是最主要的变现手段，MCN 与直播公会以互联网广告公司的方式承接广告宣传，并且随着账号影响力的上升具备更强势的议价能力；其次是平台补贴，短视频平台会给予直播公会服务费，为平台提供定制化内容；再次是通过组建电商渠道，打造闭环的商业模式，获得更多回报。

MCN 策划/运营丁说到 MCN 定位时，明确了作为中间人的角色认知：

MCN 是做资源对接的，平台需要你完成招商、养号、积累用户的工作，主播看重的是你的商业资源和经验和对平台规则的熟悉，减少试错成本。抖音平台就好比商场产权人，具体各个商铺的招商和运营除了自己整之外，再交给 MCN，商场顾客多，流量大，自然生意就起来了。

直播公会对于目前已然职业化的直播展演有着重要的作用，对于平台而言，优质直播内容的生产需要直播公会予以支持、配合。对于直播和品牌方而言，直播展演能否转化为成功的商业活动，直播公会的设计、执行、运维至关重要。

作为消费实践的直播活动，主播身份的运营基本纳入成熟的商业化轨道，对于以短视频平台媒介身份作为工作的用户而言，身份的展演成为职业。在主播工作的实践中，完成用户身份台前调度工作的是 MCN 与直播公会。作为主播的用户是完成人物设定的表演者，与主播自身的社会身份关系微弱。在无数个电子橱窗中，在无数精心布置的展演场景中，主播演绎开放式或者半开放式的剧本桥段。承担了运营成本和播出风险的 MCN 与直播公会的商业回报有赖于主播们能否在展演过程中兑现"取悦"带来的价值。而这一价值的兑现者，就是主播视频内容的订阅者或关注者——短视频平台中的另一身份主体。

作为粉丝的用户，这一媒介身份也是在多重影响下展开媒介实践。单向度的关注、窥视无法产生商业价值，因此，游戏化、戏剧化的拟态日常生活结合着虚拟货币符号凝聚成了短视频平台的生活图景。作为围观者的用户和作为主播的用户在这一图景中穿行，嵌入平台的商业运行逻辑之中——（被）关注，继而创造价值。MCN 和直播公会将用户塑造/培养成主播的追随者和守护者，并利用平台提供的游戏规则筛选粉丝，沉淀粉丝。在前期条件具备后，MCN 和直播公会训练主播的话术、调整展演活动、建构身份并将粉丝用户拉入商业利益生产的循环中——通过互动的形态。目前为止，短视频社交媒体形成了基本一致的由互动到注意力变现的逻辑，其中比较直接的是直播带货。重新设计的与线下商业模式完全不同的人、货、场关系，把用户的互动折合为商品营销模式，作为导购员角色的主播与作为消费者的粉丝，在精心设计的戏剧感中完成推销和消费活动。无论社会角色与在线媒介身份的叠加程度有多少，MCN 与直播公会都深度参与了身份的选择、调试和塑造。另一种比较隐形的身份消费行为是主播与粉丝（观察者）的身份设计与控制：加入粉丝团确定追随者身份，主播间 PK 的实际支持，贡献好感的明码标价的虚拟礼物，不必支出实际货币但仍可表达喜好与支持的点赞，为主播增加人气的评论、转发……用户之间社交互动的方式由短视频平台预先拟定，在这一系列的互动可能中，消费在媒介技术的掩护下如火如荼地展开。因此，我们回望业已成型的短视频社交媒体生活指南时，会重新评价手段与目的之间的相互关系。MCN 和直播公会通过对主播身份的设计聚拢粉丝，汇集流量，并以主播的名义打造追随者身份建构的规范，慷慨解囊的、有求必应的、不离不弃的、稳定专一的等诸多理想特质被型塑成"某某追随者"的身份标签，在社交互动中努力维系并不断强化。一旦这样的目的无法实现，即主播们失去了将追随者数量与流量转为商业变现筹码的可能性，与媒介平台的连接所创造的价值消弭，那么旧有的身份就可能被转租、替换，直至放弃（注销）。高产出的、拉动持续消费的互动是稳定的身份建构目的，而身份建构本身则是可以重复试错的商业实验——这与图文向的社交媒体逻辑有着鲜明的差异。作为事实上的娱乐经纪公司的 MCN 和直播公会，于媒介实践中深谙短视频平台媒介逻辑，利用短视频平台视觉真实但未必事实真实的媒介特性，游走在在线身份与真实社会身份想象的模糊地带，不断炮制取悦追随者、吸引注意力的或多维或单一的用户身份。

无论是以视频内容创作谋利的用户，还是以订阅者身份出现的用户，都是短视频平台商业活动运行中的关键角色。当用户注册了相应的平台账号，他就已经被纳入这一生产—消费体系。短视频平台组建了这一在线身份增值、流通、变现的市场，对市场秩序、交易原则负责并从活跃的市场活动中获利。作为市场主体的用户探索市场运行规律、边界、入场离场程序、奖励机制与处罚机制尤为必要。其对媒介平台生活所做出的适应性调整，也深切地影响和改变了媒介平台的逻辑。如果平台生存规则的改版与迭代不能为用户创造身份增值的预期，那么该平台的媒介逻辑也将被放弃。在媒介化理论既往的研究中，媒介逻辑存在过于笼统泛化的积弊，而这也导致媒介逻辑对社会生活强大影响力的论断屡屡遭到质疑。如果媒介在某一历史阶段暂时性地深刻影响了社会生活，那么无法忽略的是媒介更迭的过程中，失灵的不是媒介逻辑存在与否的判断，而是媒介逻辑与用户目的的适配性。否则，我们很难一方面强调媒介的影响力，另一方面又为媒介平台的加速迭代找寻理由。消失在媒介发展史中的媒介，也许没有做错什么，更没有放弃对其自身媒介逻辑的打造与维护，但与媒介连接的目的落空，辉煌如传统媒体的媒体逻辑也难以影响和改变用户的日常生活与社会活动。媒介与社会活动的"蜜月期"不是一成不变的，更不是一劳永逸的，这是我们需要尽早明确的议题。

2.3.2　娱乐至上：消费教育与商品化日常

大多数艰难的记忆都不是通过照片、视频捕捉到的，屏幕记忆是回避型的，它们远离痛苦。正如同短视频平台上很少有关于苦难的直观且真实的展示，因为其可能带来的不适感与平台建构的娱乐互动氛围并不一致，同时，在苦难的共情中产生消费行为的冲动也往往面对更复杂的道德风险，更何况面对痛苦的日常，消费与享乐狂欢的情绪连接有断裂的风险。这或许可以方便理解短视频社交媒体自身鲜明而又稳固的娱乐属性。在视听元素的高度复合以及多项视觉增强技术的辅助加持下，用户在处理视听信息流时更容易进入沉浸式的调动体验，刺激体验的机制与娱乐视听内容具有更强的耦合属性。

人们通常因娱乐而娱乐，换言之就是为了体验一些积极的感受，如愉快、悬疑、消遣、宁静等。当一个人选择一项具体活动或产品进行消遣时，这种渴望的体验其实发生于未来。这种未来状态通常被称为目标，而个体似乎能够根据这些目标对他们的活动进行调节。什么样的活动能激发人们的内在兴趣？根据瑞恩和德西的研究，这些活动必须具有新奇性、挑战性和审美价值。他们的研究表明："要想维持内在激励且表现良好，我们必须自己决定自己的行为且拥有自治。"（简宁斯·布莱恩特，彼得·沃德勒，2022：6）短视频的使用逻辑和功能设计与用户的兴趣点相互成就。相较于以往以传统广播电视为载体的视听内容产品，现在用户的可观看内容数量有了几何级数的扩容增长。当用户具有形式上予取予求的内容选择的自治权时，短视频平台对大众发挥的三大功能——消费教育、社会想象的植入和商品化日常，经纬交织，构成了用户在这一媒介中能够触及的柔性的、节点密实的娱乐之网。林林总总的短视频电子橱窗以流媒体瀑布信息流的形式，点亮了内容订阅者的娱乐航标，也照亮了视听内容生产者的身份建构航向。在短视频平台这一媒介环境中，无论是旁观者还是表演者，如果媒介身份不能够提供消遣的情绪和娱乐化的预期，对于用户而言都有被边缘化的风险存在。视听内容生产者（表演者）会遭遇流量贫困，订阅者会被生产者或者订阅者（旁观者）群体驱离，媒介身份的商业价值更无从谈起。赢得流量，融入流量——以娱乐之姿态。离线的日常生活并不缺少对娱乐的追逐，也具有丰富的娱乐手段。短视频平台的出现让"刷视频"成为日常生活娱乐的一种选项，并迅速成为最主要的媒介时间消耗App 类别。如同广播电视的黄金时代一样，刷视频成为娱乐流行形态的想象体和娱乐产业的重要代名词之一。娱乐创造价值，平台、用户都对此深信不疑。一个在短视频社交媒体上能提供娱乐价值的媒介身份，可以怎样创造价值呢？用户通过发展和维护可信的在线身份，制作戏剧化的生活展演，继续在促进社交商业和社交互动方面发挥重要作用。

手机正从通信工具演变成为延展于体外的电子器官。消费生活向线上转移，补偿人们缩短的生活半径，并构建以社区为单位的消费生活新常态。用户选择观看 KOL 直播、短视频等方式补偿无法触达的线下生活，教育、健身、旅游等行业 KOL 受众用户规模快速上升。视频直播成为商家刺激消费的重要手段。虚拟主播的带货直播可以 24 小时不休，如京东上线的美妆虚拟主播"小美"。人们对短视频内容黏性的提升，也在强化其作为服务流量平台的作用，基于内容的场景化服务正在成为各垂类应用的发展重点。头部短视频企业除了加强自身生活服务应用能力外，也在联合各垂域平台，通过流量打通来打造更流畅的服务生态，淡化交易对冲感受，提高用户接触体验，缩短用户转化过程。家庭餐饮消费向便捷化演变，露营等新兴运动带动出行游玩新潮向，办公场景多元化促进设备消费新升级。视频社交媒介普遍从广告营销角度参与到消费链路中。

一般的媒介消费，尤其是娱乐媒介产品使用，提供了满足基本心理需求的特定方法。它有助于满足权限、自治和归属需求，尽管这些需求会因不同的年龄段、文化、情境和性格呈现出不同的形式。然而，我们几乎随时随地都在使用娱乐产品。娱乐媒介产品成为娱乐、消费、社交等诸多行为的复合入口。日常生活成为便捷获得的娱乐素材，日常生活也在向娱乐化的视频呈现做适配。

在短视频社交媒体影响力急剧增长的进程中，作为日常生活分享平台的媒介本身深入地嵌入了用户的日常生活，社交媒体也在平台向"Everything App"扩容增值的过程中演化成用户进入日常生活的重要入口，换而言之，短视频平台正在内化为用户的日常生活的数字片段。视听结合的话语特点让用户上传的短视频内容和视频直播杂糅了纪实短片和真人秀节目的特质，混合着纪实性与戏剧性冲突。传统媒体时代，非从业人员，在职业区隔的干涉下较少有机会参与视听节目的制作播出与销售，而用户上传自制视频内容充分释放了视听娱乐的潜能，娱乐的形式与内涵都在海量活跃用户的势能下产生了深刻变革。用户所拥有的创作话语权使人人都有可能成为娱乐内容的制播者。用户的自我认知和自我实现机会经由短视频社交媒体这一中介得到发展，其视听内容生产的形式与其他社交媒体中介比较起来，准入门槛、生产成本具有很好的用户友好度，同时又具备高预期的扩散传播效果，因此富于性价比。相较于自上而下的大众传媒机制，自媒体——特别是短视频社交媒体，解决了以往媒介平台中身份多样性代表不足的情况，原有运行规律的群体边界变得可渗透、可融合、可改变。从媒介内容上看，这正好映衬了快手短视频平台的自我营销话语——"拥抱每一种生活"。每一种生活的日常或戏剧背后，都是生动的在线身份的展演。

社会认同理论可以解决身份的发展反过来如何继续影响社交媒体的使用问题。社会认同理论认为自我概念的一部分由我们所属的社会群体来定义，根据泰弗尔和特纳的观点，人们将自己和他人归为不同的社会群体，并对这些类属进行评估。成员资格连同被赋予的价值，被定义为社会认同。为了增强自尊，人们想要发展一种积极的社会认同。简宁斯·布莱恩特和彼得·沃德勒（2022：264）认为，受众在媒体中接触的信息，会加重他们的担忧，从而维持和加强其社会认同。人们不仅按照群体成员的身份对自己的世界进行分类，而且学会了内群体的刻板特征和规范，并在随后的行为中表现出这些规范。短视频社交媒体平台在用户身份的标签化和类型化上铺设了清晰且便利的操作路径，便于作为视听内容消费者的订阅用户搜索相似的身份展演内容，同时也为视听内容生产者用户进行在线身份的模仿和借鉴提供指引。

按照使用与满足理论，用户的需求是他们在短视频社交媒体中建立和维持社会身份的愿望或期望。身份期待的确认反映了预期身份（身份期待）和感知身份（身份表现）之间的一致性。对短视频社交媒体的使用，反映了仪式化的使用和对媒体的依恋。可信的在线身份具有重要的社会和经济效益。

身份本质是一种社会结构，并通过社会互动而发展。身份建构包括三个主要阶段：第一阶段涉及身份探索。在这个阶段，一个人尝试各种身份来测试其他人的反应。社交媒体的虚拟性决定了身份只能通过自愿的自我披露或自我展示来发展。第二阶段处理身份冲突。冲突加剧可能导致放弃预期的身份，甚至退出社交媒体。解决得当，则进入下一阶段的身份认证。第三阶段处理身份提交，因为一个人可以发展多种社会身份，选择最具显著性的身份继续社交媒体活动。身份不是一个人的个人特征或者与生俱来的，而是特定社会环境的产物，文化等社会环境在身份形成的轨迹中起着重要作用。虽然建构在线身份对各种社交媒体来说都是常见的，但短视频最能准确地反映一个人的真实自我。短视频平台的身份建构是为了实现长期利益（建立追随者的忠诚和信任）而不是短期的机会主义利益，短视频平台的真正价值在于它的连续性。

从期望—确认理论出发，对信息技术使用的期望和所获的绩效共同影响期望被证实的程度。如果用户感知的在线身份符合他的身份期望，一样好甚至更好，在线身份就会被确认，否则就会被放弃。对于短视频社交媒体设计而言，探索加强社会互动的设计特征，可以帮助用户建立在线身份。事实上，这也是目前正在发生并不断优化的进程。

图像里所包含的规范、刻板印象、行为和角色的设置都与商业秩序相容，商机可以通过对符号生产资料的控制掌控人的意识，通过故意的"结构性缺席"和其重复生产的模式，利用图像所具有的创造性和规范性，潜移默化地重塑人们的常识。大众图像和媒体的出现，使商家在流行文化上更处于霸权地位，这种霸权让人们很难再有机会接受除此以外其他的社会和象征文化。凝视、欲望和占有之间的所有联系都因此改变了。

本章小结

短视频社交媒体中的个人形象已经不再仅是日常生活里的个人，而是与媒介逻辑协商建构起来的"媒介化"的个人。获得他人的关注与赞同，向具备可回报商业利益的在线身份靠拢是逐渐明晰化的媒介实践现实。用户身份的生产、消费、流通与媒介逻辑互构，进而形成了社会媒介化过程中的图景：受众具备将个人媒介身份纳入商业循环模式的潜在动因，他们需要具备实现这一可能的有广泛影响力的媒介平台帮助完成尝试，这也可以解释短视频平台之间激烈的竞争格局；短视频平台在更好地帮助受众实现这一目的的过程中，探索、调试媒介逻辑，引导受众在可承受范围内付出可以转化为媒介平台收益的时间成本、情感劳动与现实货币。随着媒介技术进一步发展，虚拟现实、元宇宙等或将成为短视频的未来形态。元宇宙的实践尝试，是否将是导致基于具身传播想象的短视频平台用户身份失效的场景，需要持续关注。

本章所论述的商品化转向仅限于个人用户与其经纪代理组织，对于短视频平台中的非营利性组织机构未做指涉，这也恰好说明了媒介逻辑的多样性和复杂性的统一。用户在线身份的商品化转向出现在短视频社交媒体平台虽然不具备绝对的必然性，但不可否认的是，这类平台的媒介特征将日常生活在受众可接受的范围内"戏剧化"了，这对于受众接纳平台中的用户身份塑造逻辑以及商业化倾向而言，或许至关重要。诸多的隐忧也基于此。短视频社交媒体建构了既不同于熟人社交也不同于陌生人社交的社交实践模式，这种复杂性映射出的是日常生活商业化与商业化社交互动日常化的交织现实。无论是无须商业化还是无法商业化，都不会改变平台利用用户与自身的连接创造价值，特别是商业价值的现实规则。

第 3 章　　　短视频平台
用户的身份运营

短视频平台用户的在线身份运营在平台技术保障的前提下，呈现出精细化、数据化、高协同度的行业趋向。在流量竞逐的过程中，用户忖度平台的流量偏好，服膺平台的商业模式以完成运营策略的想象和调试。也正是因其商业生产的特征，学界将其归为数字劳动的研究议题中。蔡润芳（2018）指出：传播环境的改变，"看"广告不是生产性行为，广告买的不是受众，而是租用了能够到达未来受众的传播渠道。如果用数字劳动的可见性形态为两者做区分，前者是"劳动者明确知道自己在劳动，并通过交换获得等价物或货币的抽象劳动"的显性劳动，后者则是"劳动者并没有意识到自己在劳动"的隐性劳动。

短视频平台用户所完成的生产活动，即日常生活呈现与在线社会交往恰当地回应了受众生产的疑问，无论用户受众存在自觉或非自觉的生产行为。在以抖音、快手、小红书等为代表的短视频平台日益增强的"Everything App"趋向下，以社交互动为基点的媒介平台在全面嵌入日常生活的逻辑指引下，不断丰富用户日常生活的移动互联接口——特别是消费场景的入口，日常生活深度媒介化的进程仍在继续，自社交开始，但不仅仅止于劳动。日常生活失去与移动互联媒介的连接对于平台和用户都将是商业逻辑顺利运转的重大风险，保持用户的在线身份建构与社交互动、社交关系的商业化耦合，维系用户身份的情感黏合，使得处在辩论与争议中的生产活动得以继续，这是短视频平台保有商业竞争力的关键因素之一。

3.1　身份运营的情感调试

用户如何利用短视频社交媒体维系远距离亲近一直是调研中重复出现的问题，这既是对身份设计者提出的，也是对身份消费者提出的。同时，这种情感的建立与维系是如何系统性实现了身份的商业价值变现，并成为媒介活动的基本生存规律？问题的答案将帮助我们确认媒介化进程中既有的对媒介逻辑观念和认知的位移。

3.1.1　共情想象：引流用户的基础

情感表达促进了社交关系的形成，当下抖音等短视频平台以"流量至上"为逻辑引导媒介内容生产，"共情"的逻辑被运用到用户内容制作和直播等方面，人们时常陷入情绪的宣泄和表层娱乐化洪流之中。与私域流量竞争的当下，如何深挖受众迫切需要的"共情要素"，保持情感的"可见性"，对于志在电商平台转型的短视频社交媒体而言具有更重要的意义。情感分为内化和外显两类，外显的情感作为一种积极或消极的反馈对于用户的短视频媒体创作产生影响。外显的情感表征也促使受众积极表达与互动，为共同体的形成和巩固产生建设性作用。从平台生态的可持续角度出发，不断调试的算法引导流量在不同的媒介身份与媒介化的日常生活中流转，美好生活的意向也好，拥抱每一种生活也好，媒介平台深谙共情疲劳的阈值需要在求新求变的焦点变换中延迟。不具备常换常新的戏剧性的日常生活展演难以长久地分享媒介平台带来的注意力变现机会。

认同感是感同身受的最基本条件，从诠释学来看，我们产生认同感需要基于一种"前理解"，即我们对于相关内容的解释有先入之见，而这种先入之见在深度媒介化的当下，往往由媒介所介入。用户在短视频平台聚焦个人的微叙事时，最大化人物呈现以及身体在场，小屏人物聚焦让受众得以通过人物的面部表情来实现"面对面"的交流连接感。微笑、严肃、坚定等面部表情呈现，让人们对鲜活的人物形象产生共通情感，并通过认同与协调达成点赞和二次转发等行为呈现，也构成之后自我社会行为的新的"前理解"。日常生活中对身体、面孔的好恶反映在短视频平台中，加剧了"颜值经济"的深刻影响。可见的身体和面孔对于媒介身份的流行度与影响力有着重要的影响，失去所谓流量密码的媒介内容生产也面临着无法增加影响力和商业价值的风险。平台必须不断推荐、打造、扶植新的内容生产，推陈出新，保持用户的黏性。用户在流量的竞逐中被算法机制推动着完成日常生活加速，并接受身份商品化的可能。流行文化以更微妙的方式与我们的身份联系在一起，如短视频平台用户所面临的系统性的性暗示挑战，便是社交互动强调身体在场与平台流量经济导向的必然结果之一。短视频平台主导的意识形态越来越与我们赖以产生自我和身份的主体交织在一起。在调试中形成的短视频平台的"擦边"症候①，映衬着对于身体的态度。人的身体尽管是天生的，但也蕴含了消费的想象和身份、价值的反应，是自我投射和自我投资的对象。

在 MCN 策划/运营甲看来，签约主播的考量因素中最关键的是"颜值"与"讨喜"：

我们基本不签零粉的主播，主要考虑要具备培养的潜力和价值，双方是共赢合作，对吧？前期都是在网络中寻找物色，直播带货也好，拍段子也好，主播，特别是女主播，颜值是硬杠儿，漂亮不漂亮我们改不了。老实讲，就算没啥才艺，靠抄热点、秀身材跳舞也能保证起号。再者也要关注性格，我们不太做争议的个性，风险比较高。

需要注意的是，媒体（介）文化并不等同于大众文化。媒体文化不仅仅是对媒体生产的表征有意义（Couldry，2012）或对大规模生产的标准化流行文化有意义。如同 Hepp（2012）所言，"理解媒体文化是一项复杂得多的工作，因为我们对现实的建构越来越多地受到媒体的影响。这是我们必须解决的问题，事实证明定义什么是真正的媒体文化一直是一个重大挑战"。短视频平台中盛行的借由身体展演而完成的身份建构行为是对日常生活的互动交往欲望进行提炼和放大的结果，不等同于日常生活，但不可避免地影响了日常生活。性感文化的商品化倾向很大程度上由媒体推动，也改变着我们对爱与亲密的理解。媒介平台在其中维系着谨慎而又持续的平衡。

---

① 网络用语"擦边"，指的是短视频创作者为博取眼球和流量而炮制富于性、暴力、封建迷信等暗示内容的情况。

MCN 策划/运营乙对于这种平衡的维系表达了担忧：

主播，我说的是女主播，为什么得擦边儿？因为你避免不了，什么是流量密码，大家都揣着明白装糊涂，一点儿不擦边儿，大哥在你这儿有啥意思呢？你就是买货，是不是也想看看养眼的？但你不睁一只眼闭一只眼，流量就跑别的平台上去了。我们也得顺着整，太过分了也不行，一旦主播关小黑屋，耽误事儿，断更容易掉粉儿。

与短视频视听内容的生产组织不同，个人主播 B 对于与粉丝的共情打造不仅包含平台的性感文化偏向，也从自身日常生活身份特点出发进行策划：

我没签 MCN，因为没想好是不是一直干这个，再者说，也没啥必要和他们分成。关键是他们立的人设和我本身的性格不一定一样，都是模式化的，就算是作假带点儿夸张，我有时候也来不了，太拧巴。其实互联网也挺真实的，你一天两天行，多了，谁也不傻，都能看出你是啥样的。有时候就是个陪伴。

同样是个人主播的 A 总结和粉丝互动的情感价值除了所谓的真诚之外，还强调博取同情的策略：

男人都有保护欲，你倒不是要一天哼哼唧唧，但你得表达出他对于你来说是能解决问题的，捧个人场啦，打个 PK 啦，心里委屈了，遇到烦心事儿了啥的，你对他有感情上的依赖，他有成就感，对吧？只要没啥过界的，就都还行。你贼厉害，那还用大哥干啥呢？

短视频平台的实践提升了其本身及受众的情感唤醒和情感表达的可供性。在短视频平台，用户对于视频生产者发布短视频所产生的情感表达，如评论区的回复、加入粉丝团、连麦、人气票及礼物等互动方式，平台技术赋予了用户情感外显的可能性，但也有一系列的"情感规范"，厘定了对于特定视频内容表达的边界。在此基础上，社交可供性的形成与提升对主体形成了规制，短视频社交媒体赋权的同时，也有不断调试的、内化的规则限制。

尽管算法规则作为短视频平台的商业机密以黑箱规则的方式存在，但在实践中用户的可见性并不相同已然成为普遍共识，这也造成对于规则偏好的各自解读。但平台的算法和人工审查机制对于用户的规训效果明显，用户在巨大的不确定性面前，通过媒介平台实践习得的生存技巧强化了媒介逻辑对用户媒介行为和身份建构的影响力。值得注意的是，因为用户注意力时间存在上限，人为设定的算法或者人工审查推流机制理论上都无法让用户平等地分享平台的流量红利。身体的号召力与共情力决定了用户的媒介身份商品化进程顺利与否。媒介平台为身份的差异匹配不同的流量，造成身份优势的不平等。用户在经营媒介身份时对这一问题的反应与调试，遮蔽了平台管理某一部分缺位的弊端。

3.1.2　暧昧维系：情感倦怠的风险

在社交媒体时代，"信息的流动被视为日常生活的一个组成部分"。（Livingstone，2009）。新技术渗透到个人、社会和全球层面的日常生活中，并已转化为日常生活的无形基础设施（Hjarvard，2008）。媒体技术的发展不仅产生了信息和意见的迅速交流，还促进了全球媒介化的情感交流。媒介化过程（Krotz，2007）已经和其他与现代相关的社会过程联系起来，如全球化、商业化和独立化，但对媒介化与情感的联系鲜有研究。社交媒体是情感媒体，情感是一种关系性质的实践，情绪是文化的产物，由我们应该感受什么和如何感受的内隐规范所支配，以及在任何给定的关系情景中我们应该如何表达和"做情绪"（Hochschild，1983）。然而，像任何文化实践一样，情感的常态化表现也可以被颠覆，短视频社交媒体为这种竞争提供了一个独特的平台。这种多模态的交流是复杂和细致入微的，沉浸式体验与共情的唤起是用户维系数字情感的要素，数字化情感是日常生活情感的媒介化呈现，用户间的情感互动经由平台这一中介，主播与观众围绕情感生产形成一整套规范。情感的量化与累积皆可以数字化方式呈现、比较，并作为竞争排名的重要依据。作为媒介身份的价值变现起点，满足订阅用户的情感投射——尊重、陪伴、关注甚至是幻想可以兑现的爱，是获取观众支持的前提，同时观众也需要以忠诚、积极的粉丝身份回馈情感支持与行动支持，回应主播包括商业价值增值在内的诉求。这套规范的核心在于互动双方对于情感关系商业化的认可，即便用户间不产生直接的商业行为，经由平台中介的活跃的用户情感交互也成为平台商业价值的基础，这是短视频平台社交的默契和数字情感交往无法绕开的话题。在这一过程中，用户间情感存在倦怠和淡化的风险，为了维系情感关系的商业存续性，用户之间存在社交关系暧昧化的共识。

关于暧昧关系的维系，MCN 策划/运营丙非常坦率地表示：

运营的核心就是让大哥产生幻想，核心就是怎样拿捏，没有走到暧昧这一步，这个保障就不在你这儿，一样的主播，捧谁不捧谁就看你往不往下走。不然，总有厌倦的时候吧？当然，也不是和所有的大哥都搞暧昧，我们也得分析判断。一般主播下播后都是我在撩大哥，前期尽量不（微信）语音，就发文字和图片。后期再考虑主播是不是要介入。

这样的暧昧关系维系到下一阶段是否有越界行为发生的可能性？他含糊其词地指出：

不排除有主播有这样的事儿发生，只是从我们运营的经验看，大多数都是"见光死"。保持暧昧，靠推拉控制才能利益最大化，不然可能就没有然后了。

处在暧昧关系另一端的用户则往往将与主播的进一步交往视为在线支持行为的额外奖励，长期关注主播且有打赏行为的观众孙认为：

暧昧的前提一定是投入多，冲不到榜一榜二也没啥可暧昧的吧？就是相当于投资回报的 bonus（额外奖励），或者你也可以做场控，多干点活儿，也能和主播多唠唠。但我没兴趣。（主播）都是差不多的话术，时间长了也没进展，我也就不琢磨了。

当问及遭到主播拒绝或者"推拉"之后，是否依旧会持续打赏支持时，他直言"那也就没啥意思了"。

在实际的调研过程中，被访谈的主播对于暧昧关系与行为都表现出含糊的态度，一方面是因为涉及道德风险，影响个人道德评价；另一方面也体现出对短视频平台用户关系经营的无奈，主播 C 表示：

工资体系就是底薪加提成，提成还要和公会分，礼物少收入就少，你知道有些人想要的是啥，你只能哄着，不说破，装糊涂呗。

中介化的情感互动在媒介逻辑和技术规则的影响下，数据量化和货币化的情感阈值不断提高，用户身份的商业可供性在身份假借（顶替）、情感倦怠的风险中也存在贬值和消散的可能。在媒介平台中的用户情感作为可交换的价值，不可避免地加剧了用户身份商品化的进程。

3.2　身份运营的用户评估

媒介化的概念在 20 世纪 90 年代逐渐出现，最初与政治传播的发展有关，随后被用来描述其他社会领域的发展，但并非所有的社会领域都受到媒介化研究的同等关注。尽管媒体广告和品牌的研究代表了一定相关性的领域，然而消费却被部分忽视了。

　　Jansson（2002）明确地将媒介化的概念与消费文化的最新发展联系起来。Jansson 借鉴文化研究和后现代理论，认为我们已经进入了消费特征史上的一个新阶段——以"商业互文性"为特征的消费文化与媒介文化的融合。生产已经成为一个"符号循环"的问题，把物质产品变成价值、叙述和社会区分的"符号系统"。在这种情况下，消费与媒介表征紧密相连，媒介表征在围绕物质商品和服务的意义之网中起到了诱导和控制的作用。从这个意义上说，消费已经被媒介化了，形成了"一种社会安排，在这种社会安排中，媒介文化和消费文化不再是单一的范畴，在媒体图像和媒体影响的地方，商品标志越来越多地被用作身份的来源和表达"（Jansson，2002）。因此，Jansson 的重点不是媒体技术如何培育新的"消费手段"，而是媒介化之后随之而来的商业化的文化过程。

　　根据 Schulz 的主张，媒介化对消费的影响可以被操作为延伸、替代、融合和调节的过程。关于延伸的定义明确地借鉴了麦克卢汉的"人的扩展"的概念（Schulz，2004）。媒体有能力克服人类交流的空间和时间限制，允许通信跨越物理和时间距离进行。在消费方面，媒体提供了购买商品和服务的新手段，不再局限于特定的地理位置或时间。这就是 Ritzer 和 Jurgenson（2010）所说的"消费手段的内爆"。媒介化所带来的真正的消费延伸在于网络购物所提供的可能性，它允许消费者随时随地购物。媒介活动大规模取代社会活动的过程是罕见的，但小规模的、局部的替代已经在发生。融合和调节代表以一种相当有机的方式将媒介技术整合到其他社会结构中。调节也许是媒介化过程中最明显、最有记录可循的一个过程。随着媒体产业在经济和文化方面及人们日常生活中的填充和再结构，其他社会制度也越来越适应媒体产业的规范和惯例。Altheide 和 Snow（1979：10）认为这是对媒体逻辑的一般适应，指出媒体格式如何成为"用来呈现和解释现象的框架或视角"。

　　在对用户进行评估的流程中，量化部门通过数据库和算法，为平台数据流的商业化提供了精准的支持。如果大规模数据存储在数据中心而不是个人电脑中,这就引出了一个非常重要的问题:谁真正拥有这些数据?用户可以短期存储和访问的格式下载内容,而不是在本地永久存储内容。在这种模式下,用户不再是他们产生或获取的任何数据的所有者,他们也不能决定收集或共享什么数据。他们从生产者和所有者变成了数据的租赁者、生成数据并发送回服务器的劳动者,或者如前所述,他们仅是可以被自动提取的数据流的来源。数据所有者从社会和经济生活的连接中提取价值。

3.2.1　用户画像:消费者身份的定向

在我们所处的媒介化世界中,掌握受众的"情感价值",就能在目前的传播市场占据主动。数字技术的某些特征拥有着左右人类情感的特殊效应,数据库技术作为底层基础设施,为内容创作、精准投放升维助力;以平台算法和数据把握用户画像,甚至以"数字人格"增加流媒体精准推送,推动"精准共情"落地。短视频平台利用海量的数据库资料和算法分析帮助用户梳理视听内容受众的数据化特征。以抖音平台为例,在数据整合分析的过程中,受众作为潜在消费者的特征呼之欲出。在用户身份运营的视角下,对消费者形象的确认是商业化运营的佐证。

图 3 - 1　用户自然情况定向

图 3 - 2　平台/设备/网络定向

　　视听内容生产方可通过用户兴趣锁定对标人群，而用户兴趣和商业消费行为的发生息息相关。

图 3 - 3　用户兴趣定向

　　在抖音平台，视听内容生产方在平台提供的数据服务中可以选择通过与其他抖音达人的粉丝标签进行对标，匹配目标人群，减少画像误差，做到精准对标。

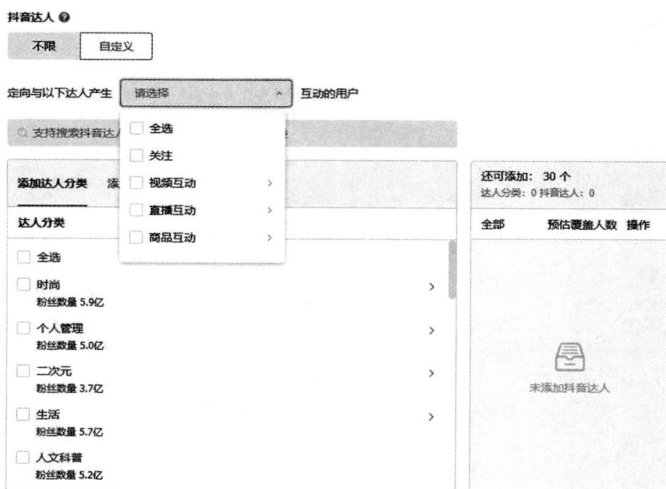

图 3 - 4　达人粉丝标签

广泛的媒体使用导致大量的广告（包括显性和隐性的广告），佐证了"消费社会"是如何依赖于媒体诱导的需求和欲望。这就是扬森在分析消费的中介性时所建议的："消费"或"中介"不可能有任何功能上的限制，媒介文化和消费文化是理论上重叠而经验上不可分割的范畴。媒介文化的范围不断扩大，同时也改变着消费文化的面貌。中介文本对于人们体验自我与周围世界（包括商品世界）之间关系的方式意义重大。随着经济和文化进程相互瓦解，消费与中介之间的区别也消失了（Jansson，2002）。近年来，消费越来越多地与媒体产品，尤其是基于媒体的娱乐产品融合在一起。购物与娱乐融合，说明了一种更普遍的迷你消费趋势（Ritzer & Jurgenson，2010）。它的作用便是：媒体产品越来越成为消费的工具。

通过短视频平台购物的另一个挑战是赋予体验某种增值，在这个过程中，消费者购买的不仅是一种商品，还是一种自我理解和自我展示。新的媒介活动方式和模式改变了消费的面貌和功能，通过整合在线技术和购物，扩大了日常的媒体活动的种类和范围，从而重构私人/公共、社交/购物之间的联系。通过这一过程，媒介化消费从主要涉及象征性商品（电影、音乐等）的消费转变为服务和实物商品（服装、食品等）的购买。作为消费活动的一部分，短视频直播第一阶段的围绕低价竞争的趋势已经逐渐被带货主播个人魅力或直播内容质量趋势所取代。与此同时，直播流程的定型与优化，直播带货上下游产业链的完善成为入局直播带货的准入门槛。差异化的媒介身份设定对消费活动的分流与沉淀至关重要。社交互动不是被动地成为消费活动的附属品，准确地说是消费与社交互动经由媒介平台逻辑整合融通后有了区别于日常生活的新指征。情感联系融合进身份的确认与消费动机的确认，除去价格驱动外，用户需要用更丰富的方式赢得情感认同，而这一方式的定义权不仅由受众决定，也需要被平台逻辑接纳。时至今日，关于短视频平台的媒介性质尚未达成共识，但可以肯定的是，商业性是毋庸讳言的答案之一。视听内容的生产者和消费者，都不可避免地被纳入这一日益明显的媒介逻辑中，而我们已经习以为常。对用户画像的精准描摹是既往商业广告行业的基本工作之一，到目前为止，短视频平台依托庞大的用户数量和巨大的算力，兼容了这一市场分工且有重塑行业规则的可能，而作为视听内容的投送对象的用户，在短视频平台的身份解码中，有且只有（潜在）消费者这一种身份。

3.2.2　存量增量：用户的流动与迁徙

Bolter（2000：52）等人提出"再中介化"的概念，解释了新媒体与旧媒体之间的关系，即相互依存、关联、影响的演进过程。这一观点用在社交媒体用户迁徙行为的研究中，可以更好地理解人们在使用一款新产品时，如何对待过去使用过的旧媒介，也能更好地阐释迁徙过程中新旧媒介的关系。Bolter 等人的这些观点直接启发了学者 Ilana Gershon，两者的区别是 Bolter 等人更关注传播媒介的历史变迁，而 Gershon（2010）更注重考察不同媒介如何同时共在。这一理论也有助于理解用户为何会产生社交媒体迁徙行为，对于媒介的定位一定程度上影响我们在不同社交媒体间的切换行为。这种切换在同类型社交产品中也普遍存在。不同的短视频社交媒体平台出于竞争差异性的目的，设计差异化的身份建构模板，打造差异化的媒介平台文化，用户在不同平台切换时不得不考虑媒介身份建构的差异，借以更好地理解流量导引的逻辑，分享平台的流量红利。媒介身份的多元与可塑性在迁徙和切换行为间成为用户建构身份时需要着力研判的要素。

在抖音、快手等多平台从事身份运营的人士在实践中梳理出针对跨平台用户的不同策略，MCN 策划/运营丁对此有清晰的差异化策略：

平台间的运营模式在技术上差别不大，抖音平台做的，快手平台也在做，商业化的路径都是非常清晰的。当然也有区别，抖音偏城市青年，快手偏中年大叔。坦白地说，面对跨平台的用户，我们的一套内容和人设不一定能够全捕获，这也是考虑带货产品调性和消费用户的差异，不要变化太大、太割裂。而且孵化成熟的项目可以和平台签独家，主播薪酬保底，还有流量支持，就不涉及追着用户跑的问题了，保证存量再说。

MCN 策划/运营乙所在的机构倾向于将鸡蛋分散在不同的篮子中，但其策略是选择同一商业体系的平台做横向布局：

我们比较熟悉在字节跳动系内的经营，因为包括抖音、七猫等都可以一套模型多平台投放，这样能保证有辨识度的产品调性与目标人群的接近性，还能确保跨平台引流的稳定性，一次投入，多点开花，小步快跑。

在调研中，还有 MCN 策划/运营庚表示：

视听内容的存量用户不必一味求多，或者求持续高增长。与这些相比，视听内容制作方更关注客均消费额，这与带货/直播用户所推销的产品密切相关。高复购率、低价格、生活必需品类目比较在意用户增量，反之则并不盲目追求流量增长。

但无论更倾向于哪一方，在线身份建构的平台适应性都是视听内容生产方与媒介平台关注的基础问题，平台的数据支持对于创作者的生产方式起着重要的指导作用。

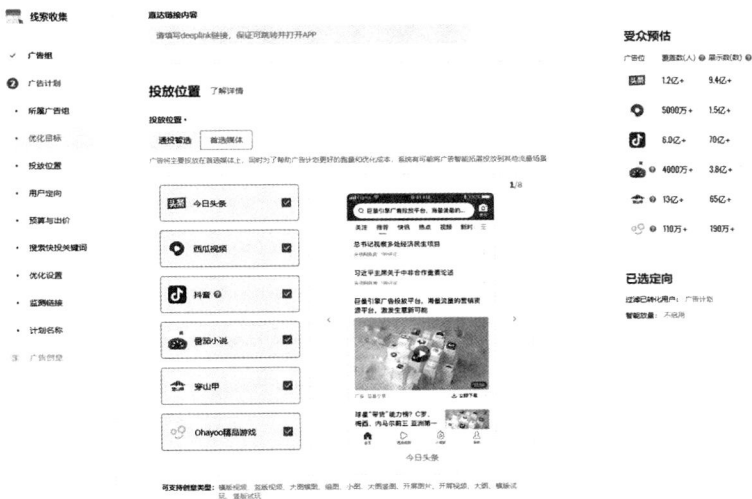

图 3 - 5　投放平台选择

3.3　身份运营的投放策略

短视频平台的媒介特性突出表现为数据库、搜索引擎与用户媒介行为、在线身份的深度绑定。在技术分析与数据占有层面，短视频平台整合了传统的广告公司、媒介调查公司、投放渠道等多种商业体形态，也正是基于此，视听内容创作者与产品方在建构在线身份时更趋向于精准数据服务基础上的有的放矢，各取所需。其结果是建立在数据库与搜索引擎架构上的短视频平台让所有注册用户都在理论上受媒介逻辑的规制：数据指导媒介实践的科学性与必要性。在短视频平台商业模式的思维中，"发什么"与"怎么发"同样建构了用户身份——以更精准的方式。

3.3.1　标签：身份的匹配性

短视频平台保留了既往社交媒体平台的标签使用规则，通过为用户发布内容添加"#"标志，构成媒介平台内的话题聚合与信息识别，用户在话题垂类中可以更便捷地获取关联信息。为视听内容贴标签成为用户建构在线身份的标记点。

MCN策划/运营庚认为标签是言简意赅的"人设"或场景、事件，可以快速地传达身份信息：

> 打标签就是在给平台算法反馈，明确告知AI你是谁，你想干什么。是宣告身份的。

标签是基于平台用户身份的模仿行为与话题推广需要，而标签设定本身的流量导引则体现短视频平台对于平台媒介生活的调节与掌控。其内部逻辑仍然遵循流量示范的路径，提高了信息投放的效率，也确保了用户身份与平台推送逻辑的适配性。当问及主播对于标签的使用习惯时，主播B表达出了对标签的担忧：

> 标签其实就是方便蹭热度，话题更新太快了，对新梗没有反应也不行。但是我比较担心标签一下子就把人设定死了。反正可能大网红们对热点更看重吧，不接热点也不行。我们这样的流量就还好，有更多选择，但标签是基本玩法，对流量保底挺重要的，不然上哪找你去啊？

#台球教学 #台球技巧 #台球杆法 球友们久等了

图3-6　内容标签设定

标签的功能设计将海量的视听内容分门别类进行整合。从视听内容生产者的角度而言，标签对于用户需求的匹配至关重要，往往也是具有一定规模的创作团队的模式化操作方式，某短视频平台账号代运营公司负责人高认为：

　　标签太重要了，要想做稳定的赛道，特别是稳定的内容导向和人设锚定，更需要认真对待。因为你在平台活动，就需要摸索平台的算法规律。先别管平台喜好，你自己得想明白了，提高制作标准，方便用户触达你的内容。

　　对于广告主来说，标签是筛选营销账号的要素之一，投放广告内容前需要将其作为校验产品与用户身份匹配度的指标。换而言之，标签不再只是社交属性，而是具备了商业营销锚定物的属性。以标签为内容摘要的用户身份，也不可避免地成为流媒体广告橱窗。企业品牌代表李认为：

　　标签人设是基本的信息点，在我看来，抖音、快手平台已经是非常成熟的流媒体广告投放平台，不仅仅是因为占据头部流量，也是因为数据和算法能够确保精准投放，大大提高了转化率。当然，仅仅注意标签还不够，投流也非常关键。

　　短视频平台的界面设计保证了内容生产者的用户身份明确性，通过数据库管理，借助计算机算法，将指定内容信息投送到目标群体，实现商业广告的触达效果。

图 3 - 7　新建巨量广告投放

3.3.2　搜索：身份的可见性

短视频平台普遍将搜索引擎入口置于软件界面的显著位置，搜索的行为逻辑已经深刻嵌套进用户的媒介生活。特别是在目前海量的用户生产内容中，争夺有限的屏幕时间对于用户身份的可见性至关重要，让内容具有更强的可搜索性对流量变现而言，是先人一步的保证。从平台对内容投放的数据化支持上来看，其数据对应的平台媒介行为、用户特征反过来促成了用户行为的改变与调试。这也是很多用户尝试揣摩短视频平台流量"规律"的指标点。以抖音平台的巨量广告为例，用户的平台活动、内容偏好等都是内容创作者推送的参考依据。为确保账号内容的可见性，用户除了视听内容的针对性制作外，还需要借助短视频平台的有偿推流服务，获得更多的注意力和更精准的曝光。如果加入商业回报效果考量的话，用户身份的设计无法回避数据库与搜索引擎的潜在规训。

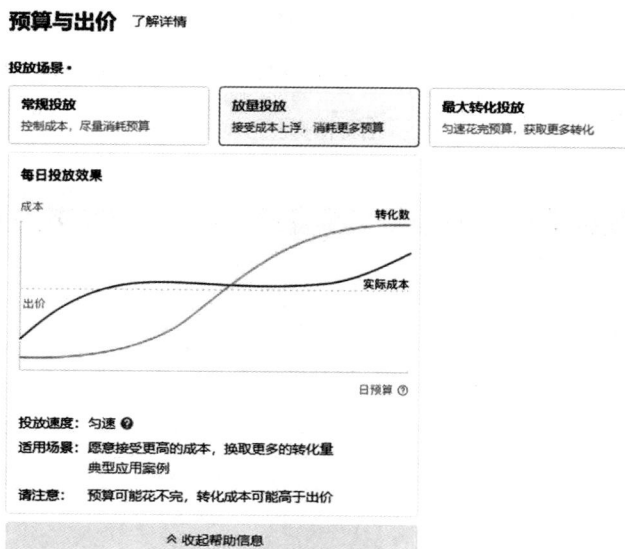

预算与出价　了解详情

投放场景·

常规投放	放量投放	最大转化投放
控制成本，尽量消耗预算	接受成本上浮，消耗更多预算	匀速花完预算，获取更多转化

每日投放效果

成本

转化数

出价

实际成本

日预算 ⑦

投放速度：匀速 ❓
适用场景：愿意接受更高的成本，换取更多的转化量
　　　　　典型应用案例
请注意：预算可能花不完，转化成本可能高于出价

⌃ 收起帮助信息

图 3 – 8　巨量广告投放数据 A

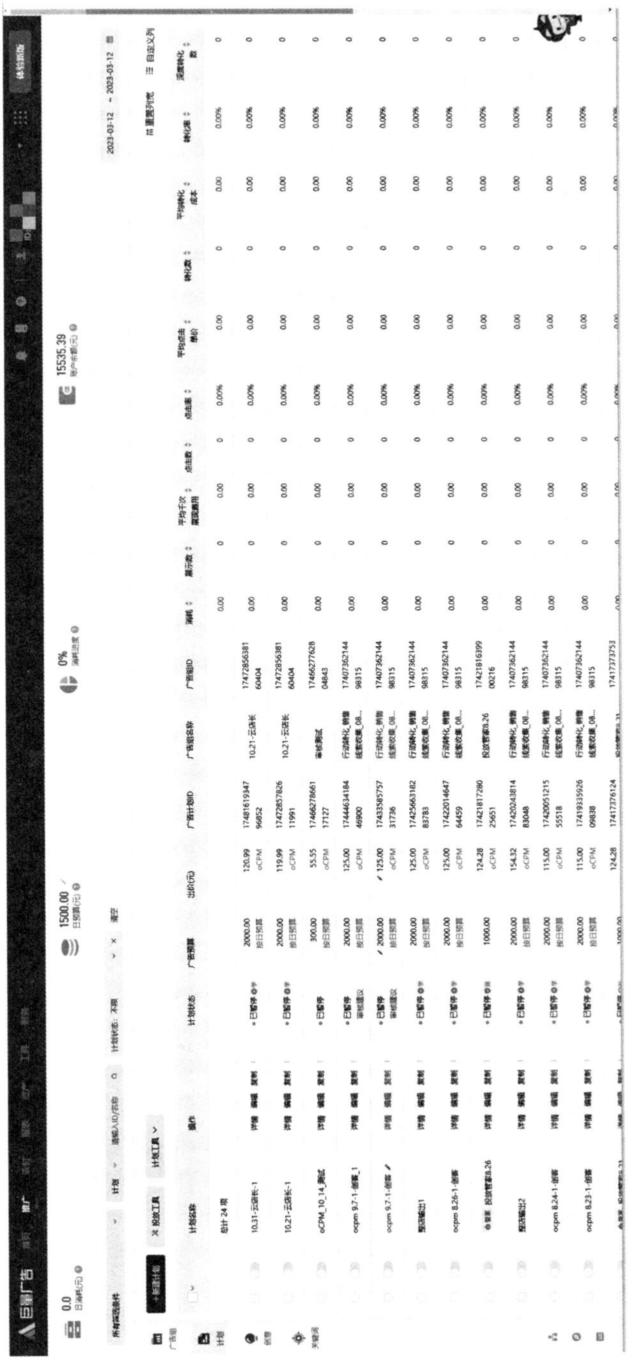

图3-9　巨量广告投放数据B

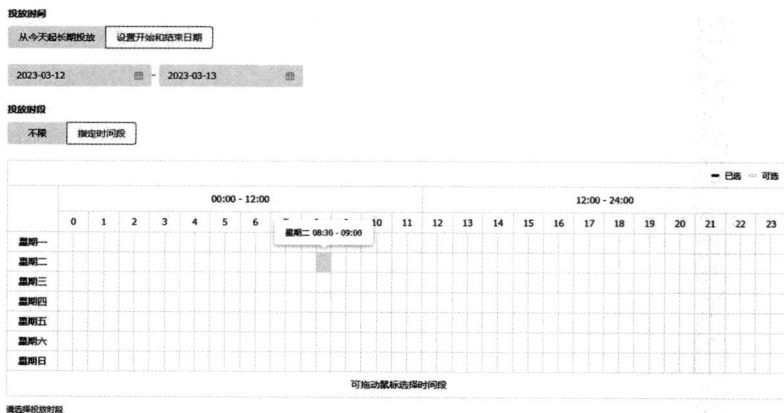

图 3 - 10　投放时间设置

在搜索引擎的逻辑下，视听内容创作者还可以通过关键词竞价的方式，直接影响可被搜索的可能性与优先级，真实改写自身的内容可见性。在这一点上，我们对于基于数据库算法和搜索引擎而复合的短视频平台媒介逻辑有了更深刻的认知。

图 3 - 11　投放关键词设置

对于竞价排名提高可搜索性的可能，企业品牌代表李持谨慎态度：

关键词竞价的触达性我还挺确定，但我们还没有投过，一是我们的内容反响目前还是不错的，增加成本没有太大必要；二是竞价这个事儿类似于百度的逻辑，我个人不是很喜欢。我们目前的客户转化率还可以，未来可以评估一下，试一试。

长期从事短视频账号代运营工作的周在提及短视频平台在用户身份建构中所扮演的角色时强调：

抖音和快手所扮演的角色很复杂，一手托几家——用户也就是流量，广告商，内容创作者，同时它又想自建商城做货架电商。因为它有海量数据，这是最大的竞争优势，你的个人生活无论是消费还是销售都得从这儿过，尤其是近几年经济内循环，短视频平台借势，一下子成了交易的枢纽。

对于非团队协作的个人用户，短视频平台也为其接入在线身份商业化提供机会。周还表示：

个人也可以做销售，平台是盼着你卖货卖得好，这样它也好赚佣金。个人在抖音 500 块钱开通橱窗，去抖音商城中选佣金高的货品带货宣传，赚分成。这样发货不用你管，不需要囤货，比前些年的微商强。

周所提到的个人零成本带货模式弥补了之前在微信这一社交媒体平台开展销售活动的不足。值得注意的是，将社交媒体活动与营销活动进行结合的尝试不是始于短视频平台，但短视频平台的媒介逻辑无论在用户的参与度、参与范围还是在线身份经营模式的确立、保障方面，都实现了迭代升级，而升级的关键要素和数据库密不可分。

　　MCN 策划/运营丙认为数据库对内容投放的指导价值是决定性的，无论是前端还是后端：

　　做内容的时候，严重依赖平台数据库来寻找定位，投放时更是这样。起始盘（数据）是平台数据库给你的，在开始运行后，再根据平台数据反馈微调。不是说人不重要了，但数据工具能帮助你更快、更准实现目标。数据复盘时，我们更关注平台的话题榜，因为你要找的下一个热点就是用户关心的焦点，但顾客（消费者）可能更关注带货榜啊之类的，我们的角度不同，对数据的解读和利用也不一样。

　　在短视频平台中，言必称及的"流量"是可购买的商品，而"流量"即短视频平台用户在线身份的群称指代与符号统称。用户身份的可交易、流通已然是媒介平台的核心逻辑。

　　MCN 策划/运营甲介绍了抖音平台中常见的投"抖＋"流量的方式。抖音平台为流量购买方提供了详尽的数据分析与导引，通过对标达人、按需投放、定时投放等自定义选项设计流量的购买与清零。从用户注册短视频平台账号开始，用户的在线身份就已经成为商业逻辑中的一个节点，只不过是在无偿和不自知的情况下。

　　主播 C 在访谈中提及，除了短视频平台以外，主播和 MCN 也将粉丝用户当作可交易的商品符号：

　　比如说和 MCN 解约的时候，虽说一般都不至于撕破脸吧，尤其没那么大利的时候，号的粉丝数也一般，不是大号。要是大网红闹着解约、跳槽的话，那粉丝数就是钱啊，双方得唠啊。

　　当被问及如何计算粉丝身份价值时，她介绍了一般的估价方法：

一般情况下，我是说一般情况下啊，就是大家都认可的标准，一个粉丝三毛钱。

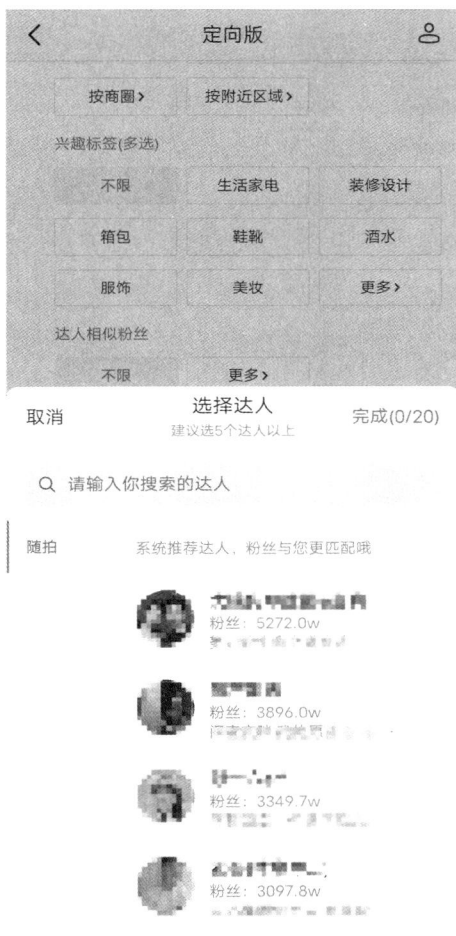

图 3 - 12　投放达人选择

图 3 - 13　流量购买 A

图 3 - 14　流量购买 B

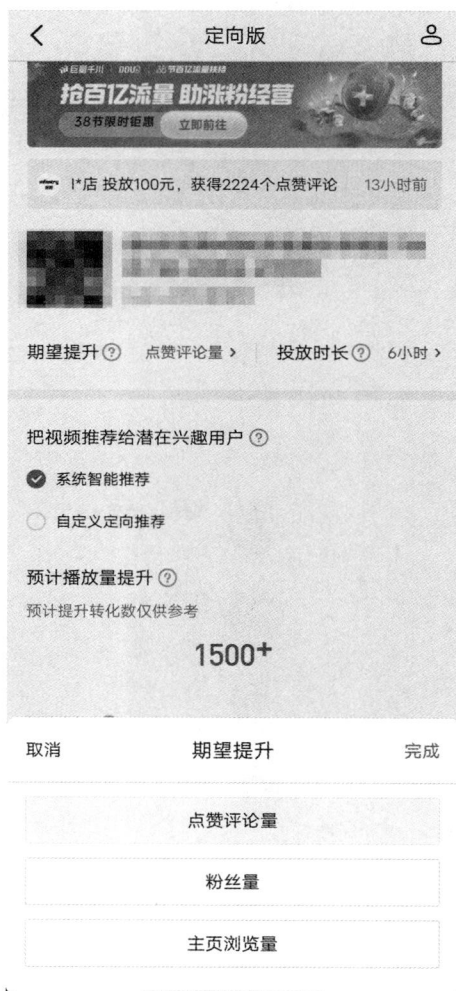

图 3 - 15　流量购买 C

本章小结

　　身份与身份展演的可见性，是商业逻辑支配的社交互动，也必然为商业模式服务，无论是有意为之，还是浑然不觉。尽管短视频平台都在商业宣传中强调自身对于普通用户的技术赋权，但或许我们可以更加冷静地意识到，在真实的媒介实践中，用户的可见性在技术架构和商业逻辑中都是不平等的，或者说是不均衡的。作为平台中介，短视频平台实现了用户聚集、广告招揽、广告调查研究、流量售卖等多种商业经营。在回望我们对短视频平台的性质界定时，或许无法准确定义才更能反映媒介平台的复合性与复杂性，也更能准确地概括用户身份建构的商业化倾向，而在线身份的商业符号性质也悄然改写了用户的自我认同与受众认同。无论是作为展演一方的用户，还是以粉丝身份活动的用户，都是商业营销模式中可量化的数据符号，有精确的商业估值。伴随着在线营销活动的快速发展，短视频平台用户的在线身份也具备了商业可供性，特别是粉丝用户，在短视频平台的唯一确定性身份就是（潜在）消费者。数据挖掘指向消费者的分析维度也更明晰了这一点。

　　视听内容的创作以及以此建构的用户身份在短视频平台的媒介逻辑影响下，具备事实上的商业广告位和娱乐视听节目点播特征。令人不安的是，用户日常生活的模仿或展演成为商业化生存的表征。身份的可见性与可搜索性成为身份建构的重要考量——无论是在线还是离线，两种网络活跃状态的嵌套和模糊边界，反映的也正是媒介生活与日常生活的融合。属于少数用户的商业价值变现影响的是更广大的以记录、展演、交往互动为目的的用户对于在线身份的认知。标签化、可搜索性作为重要的底层实践逻辑，恰切地回应了数字化、数据化交往在短视频平台如何深刻地影响了用户的身份建构路径与意义，日常生活身份的可见性期待在媒介生活中得到了认可与极化，媒介生活中的身份认同也改变了日常生活的行为逻辑。可见，标签逻辑的背后，是商业营销对用户身份的调试、锁定。

第 4 章　　短视频平台
用户的身份营销

在短视频平台铺陈开用户身份以娱乐价值完成商业变现的图景后，用户在自身的媒介实践中协商出为平台规则、法律规则、公序良俗多方接纳、共赢的营销模式。如何理解媒介平台在这一混合了在线社交互动与商业盈利的活动中所扮演的角色，以及短视频平台用户积极的自适应对平台规则的影响，对于理解在线身份与媒介逻辑的关系具有关键作用。

"媒介逻辑"一词指的是"媒体的体制和技术运作方式，包括媒体在正式和非正式规则的帮助下分发物质和象征性资源以及运作的方式"（Hjarvard，2008：113）。媒介化逻辑实际上是媒介社会和文化的日常规范。从哲学的视角出发，可以这样类比：媒介化指的是人类如何在现实定位的问题。媒介作为经验和知识的主要接口的重要性日益提升。媒介机构组织人们"进入"世界，如过滤器一般，注意力的"逻辑"、对人和事件的关注、对大众流行的结构性偏见等，都受到媒介的影响。随着流媒体和分享成为社交媒体平台的默认脚本，记忆、社交互动、好感与信任等情感经由媒体这个中介而日益商品化。网络、数据库和算法不是决定而是促成用户塑造其媒介内容呈现，鼓励通过可视化个人数据来产生可量化的自我。在日益货币化的环境中，媒体作为中介指导社会实践。随着媒体日益融入日常生活，了解其如何成为日常生活的秩序框架变得至关重要。理解这种联系的核心是说明媒体系统——包括不同种类的媒体——如何促成和制约日常经验中的话语实践与交际能力。

4.1　身份营销的进路

亲密关系（intimate relationship）是人际关系的一种，指主体体验到的同时可能被社会所认可的一种亲近（close/closeness）。这种亲近的主观体验可以是情感和认知上的亲密，包含相爱的感觉、心意相通以及感到彼此对对方而言是特别的；也可以是物理和身体上的亲近。但是性与亲密关系没有直接联系，性接触可以在没有亲密关系的情况下发生。宽泛地说，家庭、婚姻、恋爱、性爱和友谊等关系都属于亲密关系的范畴（翟学伟，2017）。短视频社交媒体用户之间建立的关系与社会学理论定义的亲密关系有着一定的异同，创造出一种类亲密关系的互动联系。

首先，社交媒体，不单是短视频社交媒体，用户间亲密关系的建立是松散的，且关系中个体之间的了解和关怀是可以广泛复制传播或者提供给他人的。而社会学理论中的亲密关系对于这一点是具有明确排斥性的。

其次，亲密关系的成立条件包括：至少有一方能够获得特殊化的了解并能给予关怀。这在短视频社交媒体用户之间也适用，只不过双方媒介化的了解需要依靠平台的交互设计来完成，视听内容的生产者具有信息披露的主动权，订阅用户和一般意义上的围观者也可以促成其更多内容的展演和披露，并在平台规则内与生产者交流自己的信息。被媒介化的关怀在双方的互动交往中传递。陪伴、情感支持、私密语言成为可以量化的清晰数值，双方接受并共享意义，在线亲密关系方能建立。

最后，短视频平台用户的在线身份与订阅用户或围观者的在线身份可以在实名与匿名间切换，亲密关系的交往中存在因信息差带来的身份想象，双方对在线身份的确定性需求不一致时，会导致短视频社交媒体中在线亲密关系的终止。同时在线亲密关系的保持需要双方的情感劳动投入。

短视频在媒介技术特征方面是目前更接近具身传播实践的社交媒体，实时互动的便利性与结合 VR、AR 技术的丰富的视觉、听觉信息流，为用户之间发展亲密关系提供了技术可能。这一可能区别于其他社交媒体的特征在于亲密关系的形成和维系也许不是互动的最终结果，但亲密关系及高度类似的亲密关系却始终伴随着消费活动——无论是显性的还是隐性的。

4.1.1　关系中介：数字社交货币

媒介人物是媒介生产、推广和消费的关键要素。媒介娱乐消费决策过程分析必须将现有娱乐产品质量和观众特点都考虑在内。在很多情况下，与媒介人物产生的社会互动会促成观众的娱乐体验。如短视频平台中常见的与媒介人物连麦交谈、合拍、游戏、竞赛等，都为娱乐体验增加了维度。对媒介人物的情感反应可能会将积极情感和消费行为联系起来。短视频平台在商业数据上证明了其在低成本、易接入性以及预期商业回报上对用户塑造自身的媒介形象具有怎样的影响力，生产、运营自己在平台的身份成为无法轻易忽视的个人事项，在身份商品化的表象背后，用户关系与监视行为的适配为商业模式的运转提供了基础。

在线社交互动过程受到社交媒体设计规则的影响，媒介平台扮演了积极的中介者的角色，即便在线关系和线下关系同时存在或者彼此转化，平台的使用逻辑仍然完整、深刻地参与了用户的亲密关系建构。基于数据库、搜索引擎、排行榜逻辑的媒介平台在勾勒出互动关系消费图景之外，尝试将用户之间的关系向接近亲密关系的社交关系推进，其结果之一便是即便是陌生人交往也可以数字化、游戏化、商业化地为亲密关系增温，进而隐匿在线社交互动关系中的商业行为与价值变现指向。因此，社交互动形式上的丰富性不能掩盖在线互动社交的亲密关系存在模式化的表演意味，媒介化的亲密关系应该更谨慎地称为类亲密关系。亲密关系并不回避经济联系，应该聚焦的问题在于以短视频社交媒体为中介的亲密关系如何被媒介化地建构了。

短视频社交媒体用户间亲密关系既包括维持性的，也包括破坏性的，亲密关系不排除愤怒、绝望和羞耻，亲密关系和照料也并无必然联系。用户之间的亲密关系在短视频平台有着可量化的数据特征，平台通过虚拟但具象的社交货币，如电子礼物、数字化道具规避了用户互动过程中的法律和道德风险，将互动交往的亲密程度直观化和数字化以形成竞争激励制度。作为短视频平台内支付中介的社交货币有着与平台外现实货币换算的稳定的由平台定价的"转化汇率"，亲密关系商业化的回报预期为用户之间发展亲密关系规划了清晰的出口——虽然只是一种可能性。在线身份与线下身份是否统一，有多大程度的重叠性并不影响线上用户发展亲密关系，也不会妨碍亲密关系的商业变现行为。短视频平台强调的是亲密关系带来的可能，平台为这种可能提供了技术的便利和行为逻辑的支持。当我们讨论媒介逻辑对于社交行为的影响时，用户身份建构考虑的社会认同在短视频平台有着被用户视为重要参考的数字量表，这是经由短视频平台强化而形成的在线互动特征。数据与数字化呈现是用户在线交往的重要组成部分，在免费提供的在线身份注册及以身份展开的社交互动中，媒介平台嵌套了商业模式的可行性，鼓励用户依托互动关系创造多方受益的商业价值。

影像的特别之处在于，短视频正在创造一种新型亲密形式。这种亲密关系可以和性有关，也可以无关，如关注、应援、点赞、评论、陪伴、互动以及线下交往等，都带来了比日常社会关系更强烈、影响更大的情感互动的预期和威胁。我们接受了这样的判断：社交媒体成就了人们的远距离亲近。但目前看来，这里的远，指的不只是物理空间上的，也是社交空间上的。用户和围观者之间的关系因为影像的介入和商业活动的加入而变得暧昧，不像其他稳固的娱乐产业中偶像与粉丝的关系，作为松散的群体成员，其成员资格所附带的价值和情感意义不会成为稳定的、专一的、忠诚的互动投入。但因为可以换取商业利益，又需要标榜得亲密无间，充满信任感。亲密关系的维系需要双方都付出时间成本与经济成本，通过协商匹配建立。其带来的混乱与伤害成为短视频平台重点整治的现象，但究其原因，这不是亲密关系与经济活动混合在一起导致的，而是与经济活动匹配的权力的不当行使导致的。内容生产用户或者内容订阅用户、消费用户对于关系中的权力产生了分歧。混杂着社交伙伴、合作关系、潜在伴侣、销售员与消费者、偶像与粉丝等多重关系的用户交往，综合了日常生活中的多个角色是短视频平台的身份建构特点，也是危机的原因。

通过关键数字评估用户在媒介平台影响力的模式在社交媒体中被广泛确立，既往的图文社交媒体、音频社交媒体皆然。追随者（粉丝）数量，点赞、踩、转发、评论、收藏数量等都以数字化形式呈现媒介用户的身份影响力。短视频社交媒体平台充分开发视频内容在移动设备屏幕的呈现形式，基于形象的视觉游戏效果不断迭代，丰富的互动方式既能满足用户的娱乐心理，又便于形成具有标识性的社交互动模式，增强社交产品的竞品优势。当社交媒体用户间的互动强度除却时间和频率的衡量指标外，可以通过直观的数字社交货币呈现出来，需要现实货币购买的数字社交货币也成为这一媒介环境中的社交互动仪式基础元素，进而成为衡量亲密关系的参照物。围绕这一参照物，用户间的互动关系在游戏化的包装下，产生了商业活动偏向。对于被赠予社交货币礼物的用户而言，在线身份的"数字身价"拥有了在平台内横向统一的参考坐标系，可以衡量自身与追随者类亲密关系的强度以及在线身份商业价值的影响力。短视频平台又通过榜单的竞逐机制设定，让用户身份随着数字社交货币财富的积累而在全平台收获更多的注意力，形成在线影响力的循环示范效应：数字财富带来关注，关注暗示潜在的媒介影响力增强（社交互动范围的扩散与互动触达人数的增加），媒介影响力增强意味着在线身份增值的预期可持续上升。

媒介平台确立的数字化、数据化互动方式，选择性地简化了社交互动的需求表征，这一商业化目的也影响了用户的媒介行为指向。经由数字社交货币中介的类亲密关系在短视频平台架构的支付体系内形成用户共识，用户效仿并逐渐接受了以打赏、人气票、虚拟礼物等数字社交货币形式提升类亲密关系度，强化社交互动联系的媒介日常生活方式。短视频社交媒体平台并没有"发明"礼物的概念，或者说，以礼物为中介表达情感，达到社交互动目的的行为逻辑，更确切地说，日常生活中的社交方式与理念被媒介化重译了。

如果没有注意到数字社交货币与现实货币的转换过程，就可能陷于技术决定论的视角之中。这一问题或许可以这样理解，首先，媒介影响只是身份建构的一个因素，且媒体与用户身份存在相互作用的复杂性。其次，在线身份的标准化与商业化是叠加过程而不是单纯的线性过程。越过虚拟数字货币汇率设定的问题，可以清晰地看到媒介身份变现的路径，制造一个"媒介身份"，可以成为影响现实日常生活经济状况的重要中介。因此，以此为目的的短视频平台用户会积极主动地尝试探求媒介平台的运行规律与背后的流量、影响力分配规律，尽管短视频平台基于商业和法律的考量，合理地不公开用户渴望的答案，但用户为了适应平台的媒介逻辑而进行的自主调试，已经证明了用户在线身份建构媒介化的现实性。拥有调试规则权力的短视频平台不断更新变换头部代表性在线身份的方式，提示并引导用户校正或型塑自身在线身份。接近想象中的平台媒介逻辑偏好，提升在线身份的影响力可与物质财富相关联，用户之间的类亲密关系营造就不仅仅是情感活动，而是可以混合经济诉求的社交互动实践。

新技术似乎并没有提供什么可怕的新东西——只是人们在整个互动交往历史中一直在做的事情的新方法。但是值得注意的是，媒介逻辑不是统一的，历时性上不是，共时性上也不是，甚至在同类媒介内部也未达成一致。它反映的是媒介在社会各领域确立了日常生活框架，媒介化理论关注媒体嵌入日常生活的更广泛的后果，即嵌入日常生活的纹理。在短视频平台，社交活动形成的类亲密关系将日常生活中并不直白的经济活动路径简化、明晰化，类亲密关系可以创造直观的价值。媒介平台保证了这一逻辑的完整性。在短视频社交媒体日活用户屡创新高的当下，流量意识、互联网人设的价值已经和人们的日常生活紧密结合。短视频鼓励通过可视化的个人数据来产生自我认知，暗示量化的自我。与微博大 V、微信公众号 10 万 + 阅读量相比，短视频社交媒体何以将用户影响力商业化完成得更加彻底和便捷？答案之一便是，对日常生活亲密关系的"借用"更彻底，并为情感的具象化、商业化提供解决方案，让用户在线身份的价值变现与社交互动深度绑定，让人与人的互动交往走向商业化的路线图。

4.1.2　价值变现：广告代言与广告表演

前文分析了在娱乐诉求突出的短视频平台中，在线身份的变现预期与商业化塑造是重要的平台社交生活特征，促成社交货币—现实货币转化的推动力是类亲密关系的建立。在实现类亲密关系建构的互动中，用户以怎样的身份将亲密关系与经济活动联系在一起？短视频社交媒体在设计层面给出的路径是广告代言或者广告表演。

短视频平台用户从事的营销活动是否符合广告代言人的界定标准目前

存在不确定性，广告代言人是 2015 年修订《中华人民共和国广告法》（简称《广告法》）后新增的广告活动主体。《广告法》第二条规定："本法所称广告代言人，是指广告主以外的，在广告中以自己的名义或者形象对商品、服务作推荐、证明的自然人、法人或者其他组织。"表述中对于以短视频平台为代表的用户是否为广告代言人并未作明确界定，截至目前可查证的明确表述源自上海市市场监督管理局 2022 年 1 月 20 日发布的《商业广告代言活动合规指引》。其中指出，"网络直播活动中，直播内容构成商业广告的，参与网络直播，以自己的名义或者形象对商品、服务作推荐、证明，应当履行广告代言人的法律责任和义务"；"如果广告中没有标明身份，公众也难以辨别其身份，则不是以自己的独立人格进行商品或服务推荐，该种情形可以认为属于广告表演，而不是广告代言"。

基于法律法规与媒介实践，短视频平台用户的广告代言或者广告表演活动都具备了明晰的行动模式与机制，用户在线活动与用户身份的商业化运营深度绑定。

人社部联合国家市场监管总局、国家统计局在 2020 年 7 月 6 日发布的新职业中，"互联网营销师"下包含了"直播销售员"（下文中按习惯统称为带货主播），定义为："在数字化信息平台上，运用网络的交互性与传播公信力，对企业产品进行多平台营销推广的人员。"短视频社交媒体将用户在线身份打造成日常生活中被认可并规范化的职业身份，是日常生活深度媒介化的代表性佐证，媒介逻辑在日常生活中的"穿透"事实明显。如前文所述，视频化的信息传播相较其他形态的社交媒体更能体现媒介生活与日常生活的杂糅互构，在元宇宙的技术愿景还未实现普及的情况下，结合 VR、XR 等技术手段的运用，是目前模拟程度更高、更接近具身化传播的在线社交方式。

企业品牌代表李对此有自己的看法：

对于甲方来说，你比方从星图找达人拍视频，就是在做广告投放。甲方看重的就是你这个账号和用户的连接能力，现在的大体量重资产的广告模式已经不适合短视频平台玩法了。大主播、大网红直播坑位费和分成都很坑，赚吆喝这事儿大品牌可以搞，就当是营销宣传了，但其他公司还是要看实际的成交额和转化率的。所以靠人带人这种把广告形式弱化的方式，达人用户相当于广告位招租，甲方购买服务，在商言商，对吧？你不一定天天看明星代言，但你有总刷的账号，而且相对来说，这个人你熟悉一些，就算出于捧场的角度下几单也是可以的。就算没有买，粉丝也不会反感，对吧？不然你做账号图啥呢？这都是能理解的事儿。说一千道一万，你得有流量。

作为以社交为主要功能的交互式产品套件，短视频平台的设计强化了对媒介时间的压缩，同时基于商业考量，也需要维持用户在线身份建构的连贯性的过程。平台需要激励用户在媒体程序中投入更多的时间，并且快速频繁地分享内容，提高用户黏性和活跃度。与长视频相比，短视频强调捕捉现在，展现当下转瞬即逝的生活叙事模式，缺乏宽广的叙事空间。因此在架构设计中要强调快速变化的内容提要方式，激励用户快速响应反馈，如点赞、收藏、转发等交互入口置于程序界面的显著位置，引导用户参与即时互动，并将即时互动视为必要的、顺理成章的操作流程。大多数短视频社交媒体架构仍然依赖马斯洛的心理逻辑基础。短视频平台的设计从引流至私域流量（微信等熟人社交媒体）到购物车链接，再到短视频平台自营在线商城（如抖音商城），几个标志性的技术迭代阶段，用户身份与商品营销活动整合度逐渐加深。虽然用户身份不一定会走向商品（服务）销售，但短视频平台为这种可能向每一位用户提供了规范化的技术路径和逻辑支撑。平台将其提供的服务和媒介影响力转换为商业回报是在其他社交媒体平台印证过的商业模式，翻新迭代的互动手段遮蔽了商业营销的直白动机，用户能否将追随者（内容订阅）或者旁观者从社交互动关系中转入商业销售，需要用户自身对在线身份的建构、包装负责，用户必须能动地将信任与好感嫁接入商品（服务）的消费过程。这样的尝试和努力，成为用户身份建构媒介化的特征，也预示着用户在线身份与线下日常生活身份的差异。需要注意的是，用户利用媒介实现商业目的，这个逻辑不是在短视频平台出现后才有的，焦点在于短视频在帮助用户实现这一目的的过程中，强化了对这一过程的认识，规训了人们展示欲望、维系社交关系的逻辑与方法。数字媒介空间的设计影响着用户和数字媒介之间的互动依赖。数字屏幕不再是简单的娱乐设备和分散注意力的东西。相反，进入这个空间的社交互动者生活在一个全新的混合生态系统中，它将数字媒介空间与日常事务联系在一起。

　　流媒体短视频没有创造打造个人品牌的逻辑，但它丰富了用户创建、经营个人身份品牌的形式，同时带来了更多改写的空间和逻辑。这样的改写不但是个人身份品牌元素的重组，更是对现实生活身份建构逻辑的渐进式取代，进而切实地影响现实生活。用户在线身份建构是广告代言和广告表演活动的基础，对日常生活身份的适应性调试很大程度上影响着商业活动的效果。带有巨大的平台流量预期的用户接入线上开展的广告代言和表演活动时，不一定能兑现相应的销售业绩，有的甚至因此引发了嘲讽及商业纠纷，此类现象在短视频平台屡见不鲜。在日常生活身份中具有影响力并在其他媒介平台已经可以成熟地运作影响力变现模式的用户，似乎在跨平台媒体实践中仍然可以顺利地进行商业活动，流量红利的逻辑不应该失效。但实际情况并非如此。这也意味着，在短视频平台中，用户需要认识到在线身份的建构——自我认同和社会认同模式与其他媒体平台不尽相同，短视频平台也不是广播电视或其他社交媒体平台的扩容或升级。用户需要考虑与受众关系的适应性改造、型塑，并建构适应短视频平台媒介逻辑的身份。短视频平台用户的在线销售与传统销售活动的区别就是媒介形象系统差异的体现。短视频平台整合了人际传播的特征，如对象感、亲近性、信任感。自营或者代销，都需要争取受众（消费者）在正向的情感评价中完成消费行为。身份符号的转写和受众窥视的常态化使身份的叙事功能在广告代言和广告表演过程中被赋予了情绪表达窗口的意义，而情绪的调动是影响需要短时间做出购买决定的受众（消费者）的重要因素。

　　日常消费活动的变化又对在线的媒介身份建构提出了更多要求和期

待，如能否满足日常消费的及时性——实时在线，能否通过订阅者数量的优势（销售预期）拿到更低廉的价格，是否如真诚、善良、具有共情能力的人物设定一样信息透明可信，是否在销售商品（服务）的同时尽可能多地提供额外的价值，包括信息价值、情绪价值？作为营销的一环的用户媒介身份，集合了订阅者（消费者）的心理投射的集合，需要更复合的需求，才能得到更广泛的社会认同。短视频社交媒体创造了将社会互动转换为商业活动的可能条件，用户在媒体实践中探索、归纳出身份影响力转化为营销力的路径，短视频直播带货与在线视频内容营销成为短视频平台复杂功能中具有代表性的迭代功能，进而深刻改变了互联网营销模式与消费者习惯……从用户对媒介逻辑的适应性互动开始，媒介与日常生活互构明确且将持续。在某种意义上，短视频平台"训练"了人们，让人们养成了不同以往的商品思维和购物习惯。

在短视频平台的营销活动中，短视频达人，即具有订阅用户流量优势和影响力的短视频内容生产者（机构）是不可或缺的重要元素。企业以短视频平台为中介，经过商业回报的预测考量选择短视频平台用户为商品（服务）作宣传推广。用户按照商家意愿，定制化制作短视频内容，植入商品（服务）销售信息，收取费用。与传统媒体时代的广告代言、广告表演相比，短视频平台用户视听内容生产与日常生活的结合度、与用户的身份建构特征（人设）的贴近性更高，更能满足订阅用户的观看体验。作为在线身份建构的载体，短视频视听内容生产遵循的是商品经济规律，商家支付薪酬，用户提供相对应的营销服务，完成商品销售活动中的代言与表演工作。作为视频内容生产者的用户，其呈现的日常生活如果具备接驳广告代言与广告表演活动的可能性，将加速在线身份变现的进程。遵循雇佣与可雇佣的商业逻辑，用户可以为商家提供广告代言、表演服务，也可以为自营商品定制生产短视频内容。具备了一定订阅用户数量基础（通常是5 万~10 万粉丝）的视频内容生产者开始"带货"模式，成为用户身份建构过程中的显著指向。如抖音的星图报价机制设计，就是短视频平台用户在线身份的报价单与短视频平台劳动力市场通告栏。区别于传统的广告代言与广告表演，短视频平台用户与商家的雇佣劳动关系具有更大的灵活性和疏离感，将商品与 KOL 的日常生活结合，既可以增强商品的受众渗透力，又可以减少商品与代言人的深度绑定，规避营销风险。

除却广告代言和广告表演合作中的短视频平台用户，还存在大量的无意投入或无机会投入这场在线身份营销活动的用户，作为社交互动中的另一方，他们的身份建构在平台架构与媒介逻辑中的位置和设计同样值得关注。

社交网站显然是商业网站，由于它们的运营成本很高，而且注册是免费的，因此除了向用户收取账户费用（个人广告模式）外，还必须通过其他方式产生收入。大多数主流社交媒体都拥有数量不容小觑的用户，这些用户在社交媒体上花费了大量时间。因此，作为一种锚定特定目标受众的方式，在用户的电脑上放置聚合广告 cookie（网站存储在用户本地终端上的文本数据），对潜在广告商来说是非常有价值的。虽然网站在其隐私政策中都否认向第三方广告商传输的数据是"非个人身份"的，但事实是，这些数据包括 IP 地址、个人资料信息、网络数据和接入设备类型等。如果这些信息可以很容易地连接到单个用户，即使无法全面获得单个用户的详细信息，这些信息对广告商和数据收集方来说也十分有价值。

4.1.3 快速响应：直播过程中的销售—购买

直播带货销售中，对产品的演示是促成消费行为的重要环节。与产品的口播、文字介绍一起，带货主播利用演播室空间尽可能地对商品进行展示和试用并促成消费决定的快速达成。这一过程中，视频直播的媒介逻辑深刻地嵌入销售—购买行为中。

直播带货与传统销售的区别就是媒介形象系统差异的体现。直播带货的媒介逻辑整合了人际传播的特征，即对象感、亲近性、信任感的整合。自营或者代销，都需要争取受众（消费者）在正向的情感评价中完成消费行为。在传统的广告代言模式下，代言人（推销员）无须为产品功能做更多演示和体验，或者说这样的演示和体验不需要完全置于镜头之下，更多的是意向性的表达或者体验。而直播带货因为媒介逻辑变化而导致话语模式变化，互动的即时性要求带货主播们必须及时回复受众（消费者）关于产品的咨询以维持交流场的延续，并妥善回应受众（消费者）的要求。作为"橱窗展示"的销售模式，主播的中介价值需要即时的号召力来体现。名人效应在直播带货中屡屡碰壁，知名度并未能自然地转化为购买率和销售业绩，也从侧面印证了直播带货的信任感和美誉度需要区别于以往传统媒介的建立模式。因此，我们看到的是去除"高冷"光环的人物设定、更平易近人的口语表达、更多现场表演式的体验以及更具煽动性的话语修辞。即便对于这一模式仍存争议，但不可否认的是，系统性的业态背后是直播平台逻辑与直播销售行为的紧密互构。带货主播需要调动自身为产品展演服务，并在展演的过程中制造话题和奇观，以调动受众（消费者）的购买欲，促成围观。例如在某次带货直播过程中，主播为了展示某款剃须工具的使用效果，使用该产品在直播间现场剃须，配合着助播的讲解和自身的感受分享，直播间的评论、点赞达到峰值。"×××现场剃须"这一话题也延续了此次直播带货的热度。美妆类某头部主播曾经挑战过一项吉尼斯世界纪录，即"30 秒给最多人涂口红"，并最终挑战成功。其在直播过程中亲自试用也成为美妆类直播带货的样板。类似的食品类直播的现场试吃、服装类直播的现场试穿等，都在将主播（嘉宾）或者助播的身份符号与商品整合，以感同身受之姿促成消费行为的达成。

在传统媒体时代，曝光量更多地倾向于精英阶层的身份符号，与此相伴的是名人效应在广告营销中的主导地位。视频直播平台的媒介逻辑是将曝光量以算法的方式导向草根的身份符号。因此，纵观各个直播平台的头部带货主播，草根化的身份符号占据绝对多数，这也就不难理解带有精英阶层身份标签的主播（或嘉宾）努力营造贴近生活的身份设定了。身份符号的转写和受众窥视的常态化使得身份的叙事功能在直播带货过程中被赋予了新的意义，成为情绪表达的窗口，而情绪的调动是影响需要短时间做出购买决定的受众（消费者）的重要因素。

另一个需要纳入考量的问题是直播带货中美妆、个护、服饰品类占比较高，因为直播的媒介特性（碎片化、伴随性）与美妆、个护、服饰商品单价较低、复购率较高的特点契合，助推了带货的巨大体量。直播带货的选品基础遵循了促销的核心诉求——短时间内促成下单消费。倒计时、购物链接的停留时长、库存数量实时更新、抽奖派发礼品、返券等包装手段也为快消品类成就爆款提供了可能。需要强调的是，无论是哪一个因素，都与直播的媒介逻辑有着深切的关联。

"资本已把日常生活的一切方面都商品化了，包括人的身体乃至'看'的过程本身。"（米尔佐夫，2006）直播带货的围观过程是一次互动仪式的重现，双方的情感能量在直播间被商品化和可视化。受众（消费者）的打赏、评论、点赞和带货主播的展演、商品介绍相呼应，仪式得以一再重复。带货直播的媒介特征决定了情感调动的方式需要更具鼓动性与说服力。

亲和力或者表现出亲和力对于增强情感调动的鼓动性尤为重要，这直接关乎受众（消费者）的情感体验，也促成带货主播们对受众（消费者）的情感调试。主播们需要比传统的电视年代更具感染力的演播室调动，更夸张地放大情绪。直播带货的基础在于受众（消费者）与带货主播之间的信任感，信任感的确立于带货主播而言在于压缩空间，缩短时间给自己谋利。以传统电视购物方式做类比，传受双方的空间区隔度高，演播室环境与受众生活、工作空间相去甚远，强调差别的仪式感和权威感是传播行为的潜在效果，这一效果为双方接受，且传统媒体信息传播的延时性也促成了上述效果的达成。因此，传统媒体主播的亲和力诉求是在极为有限的变化区间完成的，距离和非线性时间保证了情感调动模式。移动互联环境下的直播带货将空间同质化、将时间同步化，带货主播们的情感调动需要减少疏离感，增加亲近性，通过富有人情味的关系互动来形成情感共振，形成明显的私域流量聚集效应。（陈雪娇，喻国明，2021）因此在直播带货场景下的情感表演，对严肃话语的解构、对戏剧冲突的放大，都会增强受众（消费者）的情感体验，促成消费行为。例如，2020年4月央视推出的公益直播，造就了网络热词"小朱配琦"（朱广权＋李佳琦），这正是两种话语模式与情感调动方式的一次成功融合。而其中，代表严肃话语模式的朱广权在直播中展现的调整能力让人印象深刻，也成为主播跨平台适应不同媒介逻辑的经典案例。与之相反，带货主播中也不乏失败的案例，看似自由的身体和多样化的身体表演，在资本追求流量、利益的驱使下，选择了奇观化的身体表演策略。一些用户对带货主播的一系列夸张演绎与嘲讽成为热播视频，赢得广泛共鸣，也折射出极端化的情感调动设计值得反思。

为了体现商品的名实相符、质优价廉，带货主播需要增强具身性的因素，强调身体的在场。亲自试用并证明有效决定了直播带货的说服力，调动受众（消费者）情感的往往来自现场展演时的熟练、熟悉，这也直接关系着双方信任感的变化。一些主播直播时操作失误引起了不同程度的信任危机。因为直播与舆情在时间上高度同步，处理危机的反应时间也被压缩。直播带货的形式极大地压缩了主播与受众（消费者）之间的情绪缓冲，因此对于主播（团队）的情感调动能力要求是以往的媒介形式中未曾有过的挑战。

4.2　身份营销的多元复合

作为视听内容订阅者和观众，其在线身份在主流的短视频平台商业语境中与消费者的身份标签相融合，他们与其关注的用户之间的社交关系既有偶像—粉丝的传统范式，也有销售员—消费者的范式。类亲密关系下的互动并不是纯粹的"应援打 call"，也不是单一的线上购物。这一营销活动中的双方身份、关系异于上述任意一种情境。日常生活的商品化或者商品营销的日常化更能概括这一情境的复杂性。短视频平台为用户日常生活的展演创造了便利条件，为营销活动的嵌入提供了可行性与适用性。短视频这一形式混杂了对人、货、场、价以及消费的便捷性、所见即所得的互动满足感等多种必要元素，使得直播间下单、KOL 带货推荐成为消费者日常生活消费的重要方式。在线社交互动改写了日常消费活动，商业消费的目标也改写了在线社交的规则与形态。商业消费的驱动原理在于通过积累和竞争的机制，不断推出新的产品和新的意义。消费不断推动社会变革，社会变革又不断推动消费变革。受行为主义和精神分析的启发，商家们希望能找到人们无意识状态下做出选择的秘密，但遗憾的是，至今并没有可被证实的论据和案例，这种设想仍旧只是抽象的猜测和广告营销人士的想象。"在逐渐兴起的消费心态中，购物需要满足人们自我表达和自我实现的目的，我们可以通过特定的产品和服务来建立并展示我们的社会身份，同时，人们也会通过某人在建设自我上投入的个人努力来评判这个人。"（安东尼·加卢佐，2022：99）短视频平台用户需要保持在线身份的独立性，维系与订阅者的社交关系想象。遮蔽与日常生活的连接、展现缺少情感交流的商业活动特征将导致订阅者的排斥行为。因此，以社交关系为中介发展出的在线营销活动将在线身份的建构行为带入新的思考维度，复合的身份如何整合社交关系与营销关系，不仅仅是营销主体一方，也是营销的对象用户需要处理的关键问题。

　　短视频在线营销模式并不拥有商品的稀缺性优势，甚至也不具有价格的绝对优势——即便有，也是因为带货一方携自身短视频社交媒体账号的订阅者/关注者数量及购买力优势通过商业谈判获得的，和传统营销中的"薄利多销"模式原理一致。短视频与线上营销活动紧密结合的条件有如下两点：

　　第一，App 需要占据用户足够的在线使用时长，确保可触达性。这一点已经得到印证。根据中国互联网络信息中心发布的《第 51 次中国互联网络发展状况统计报告》，截至 2022 年 12 月，我国短视频用户规模首次突破十亿，用户使用率高达 94.8%。Quest Mobile 发布的《2022 中国移动互联网年度大报告》显示，短视频已经是用户时长占比最高的应用，总用户时长占比达到 28.5%（2019 年为 15.2%），受此影响，即时通信已经下降到了 20.7%（2019 年为 26.5%）。

　　第二，作为社交媒体平台而不是传统的橱窗式的电商购物平台，需要将消费兴趣融入社交互动中，满足人的交流感和在场感，强调"人"的说服力。后者是关于短视频平台用户在线身份建构的逻辑要点。作为营销的主动方和消费者的短视频平台用户身份都在发生复合化的转向。

4.2.1　整合营销：理想消费者的塑造

　　安东尼·加卢佐（2022：151）曾指出，消费者需要将市场提供的商品元素完美地整合起来，包装自己，努力使自己在社交游戏中脱颖而出。消费者有选择的自由，但难以挣脱消费的规训。短视频社交媒体呈现的是有利于商业利益的态度、行为和价值观。它为消费者的身份建构提供了自洽的价值观和环境。对于商业性质的短视频平台而言，如何促成视听内容的订阅用户转换为消费者，提高在线消费的转化率，从而实现媒介平台的商业模式闭环，是平台盈利的关键。

　　如何促使短视频平台的在线消费成为流行文化指标以及日常生活习惯？在尝试说服消费者的过程中，需要媒体成为意识生产体系，以帮助商品在传媒的影响下转换为象征性资本。媒体在兜售商业意识的时候，刻意忽略了商品背后的生产、流通、价值分配等环节，而是聚焦在将消费者形象理想化上，而与理想消费者身份的差距就会诱发攀比、引起焦虑。媒体的商业话语在试图定义消费者的存在价值。商业营销话语在短视频社交媒体中所做的适应性调整，如同传统媒体、图文社交媒体年代一样。短视频平台将人际交往中的认同与商品交易的认同嵌套在一起，在商品价值的基础上复合社交互动的诉求，将用户间的信息交流、情感交流驯化为商品交易的一部分。平台的媒介逻辑与用户习惯也促使商业营销活动做出改变，商业活动的"渗透"也深刻地改变了媒体，特别是社交媒体的语态与用户行为方式，尤其是在数据库与搜索引擎及算法逻辑主导下的短视频平台，"造富神话"与全网热点的示范效应将用户身份的营销尝试合理化，将在线身份转化为可盈利的中介，成为平台认可的现实。

在短视频社交媒体中，放大互动的优势，赋予作为消费者的用户身份多重的价值回报预期：将消费关系向复合的多重关系纽带发展，如强调亲密关系的想象；将消费身份与社交身份融合，如强调群体认同和社群属性。市场和媒体的细分让消费者群体不断分裂出更精细的兴趣社群，每个社群有着自己专属的代码和消费文化。营销活动强调消费者对于符号的消费意识，将象征性的符号与身份建构联系在一起，并且伴随消费活动的流程，消费地点、消费方式都成为身份标签的组成部分。短视频社交媒体放大了消费流程中的互动环节，即产生消费行为的"中间人"在身份标签中的地位，销售人员自身和商品（服务）之间的捆绑关系更加明显。在某一个短视频平台直播间或者某一个短视频账号的橱窗植入消费，追求的不仅是商品本身的价格和价值差异，还有与人的连接互动带来的符号价值。抽象的价值观和信息符号有了具象的在线身份符号加持。这也可以解释为什么利用在线身份从事营销活动的账号须具有一定量的粉丝订阅基础，以及头部账号往往容易形成交易量的滚雪球效应。消费者的消费决策考量中包含了对符号价值的诉求和判断。复合的体验成为媒介平台用户特定的文化商品。

经常观看直播带货的钱坦言：

在大主播直播间主要还是看价格吧，因为你关注的人会有直播提示，顺手就点进去了。但要是（性）价比没有啥优势的话，也就是当节目看看，了解了解都有啥网红款。你在他直播间消费也显不出你来，×××直播时候都是明星刷礼物，看个热闹。反而是有些种草带货挂小黄车的，你能看到他拍的开箱啊，试用啊，段子什么的，能详细了解一下情况，不像在直播间，要靠抢，我不是太喜欢。虽然我不咋刷礼物，都是灯牌啥的，但平常反正也得买的东西，在抖音买了也就买了，让人家赚点呗。

但需要注意的是，视听内容生产者和订阅者之间，不像其他稳固的娱乐产业中偶像与粉丝的关系，作为松散的群体成员，其成员资格所附带的价值和情感意义不会成为稳定的、专一的、忠诚的互动投入。用户更在意的是"我是谁"，而不仅仅是通过"我支持谁"建构身份，在哪一个直播间、账号消费，身份认同不会是决定要素。价格接近的情景下，习惯才与身份认同发挥作用。因此短视频平台直播带货或者视频植入营销，价格的竞争优势往往都是基本的特征，进行商品（服务）销售的用户与商家的议价能力是决定性因素。与此同时，需要赋予消费的用户一定的身份认同想象，尤其是当所销售商品无法在市场中找到类似竞品，无法横向比较价格优势的时候。这种身份认同想象的指向在于让消费者在商品符号之外有更多的附加价值获得感——基于信任和认同好感的新的类亲密关系，而身份则因社交媒体的约定俗成称为"家人""老铁"。这样的称谓就暗含了道德约束与无偿的情感联系。如同前文所述，这种模糊的身份杂糅了销售者—消费者、偶像—粉丝、节目供应商—订阅客户等多重特征。用户的消费行为不仅仅是经济活动，也是社交和情感互动活动。这种新的身份关系，为潜在的商业纠纷增加了更多界定和处理的不确定性。在线身份的营销伴随着权利与义务的统一，在营销活动中花费现实货币的用户，既享有相关法律保护的消费者权益，又暗合着订阅用户的隐形支出成本，因为用户并未支付视听节目的订阅费，在完成消费行为之前，必须遵从主播对时间进度的安排，在直播间下单购物需要等待相关产品的链接上线，且有购物时限。在观看视听内容时，需要对随时植入的商品信息习以为常……订阅用户既是视频内容生产者获得在线影响力的关键指标，又要模仿应援行为甚至用数字社交货币打赏以维系前者的在线身份热度与商业价值。在消费进化的视野中，消费者的身份尚未有类似的"复杂性"。营销活动的两端，都要求获得更多附加的获得感与潜在收益，都主动地参与和影响着对方身份的建构，没有任何一方是完全被动的（在权力关系的设定上）。

4.2.2　重塑消费：媒介化的商业活动

欧文·戈夫曼（1959/2008：5－8）指出，影响自我呈现选择和策略的两个主要因素是情境和受众。事实上，这也解释了为什么用户可能会选择创建一种类型的简介，要么模糊了他们的真实身份，要么呈现了多方面个性的一个方面。自我呈现策略受应用程序结构和个人社会群体的影响。社交网络应用程序中的身份表示主要发生在高度结构化、多模式的用户配置文件中。不同应用程序的个人资料细节略有不同，但它们大致遵循一个规范的结构，由三部分组成：文本、图片和推荐信。这在三个层面上存在问题。首先，刚性的概要结构鼓励用户以应用程序而不是用户构建的方式来呈现自己。尽管在面对面的交流中，个人自我代表的代理受到社会语境、权力结构等的限制，但仍有多种灵活的表达策略可供选择。例如，口音、肢体语言、语音模式、语言选择和外观都是用户可配置的自我呈现方面。因此短视频社交媒体的特性丰富了建构身份的方式，实现了突破。其次，构建概要文件的方式不是中立的。网络意识形态将关系商品化，并鼓励积累尽可能多的联系，这是社交网络的显著特点。社交网络应用程序正试图捕捉并应用于更广泛的社会现象，包括商业，但也扩展到友谊、浪漫关系和社区活动。最后，社交媒体在本质上排除了部分用户。不在社交平台的人就被隔离在网络之外，线下社交网络向线上转移的动力日益增长后，这种情况很可能会加剧。

用户理解他们在线身份的方式和商业驱动的应用程序鼓励的表达方式之间存在着非常真实的冲突。软件通常以特定的方式塑造和特权化自我呈现，通常限制或鼓励用户按照商业上可接受的方式塑造他们的身份表达。社交媒体的性质和身份商品化的方式从根本上与创收的细节有关。用户还是采取了各种创造性的策略来规避技术的限制。所有这些应用程序通常都基于一个从社交网络分析中得出的共同观点：公开连接的社交网络具有实用性。也就是说，使行动者能够编纂、描绘和查看自己与他人之间的关系，可以产生有益和积极的后果。社交媒体是专门为各种目的而设计的，主要目的是方便用户的互动，如约会、商业联络和促销。但是应用程序允许的自我呈现策略类型直接受站点商业目的而不是用户需求的影响。因此，用户为了增加网络的效用和规避这些商品化的假设而部署了各种策略。社交媒体中的信息传播有两种方式。首先，弱关系是收集和传播信息的最有效方式。无论传播的是什么，只要是通过弱联系而不是强联系传播就能传播到更多人，并跨越更大的社会距离（即路径长度）。其次，社交媒体的总体目标是方便用户通过服务建立新的联系。

媒介人物是媒介生产、推广和消费的关键要素。媒介娱乐消费决策过程分析必须将现有娱乐产品质量和观众特点都考虑在内。在很多情况下，与媒介人物产生的拟社会互动会促成观众的娱乐体验。比如与媒介人物交谈或者在线互动，与网红联动、合拍，都增加了娱乐体验的维度。对媒介人物的情感反应可能会将积极情感和产品联系起来。

主播 B 倾向于将消费活动同用户间的复合的情感互动捆绑在一起，消费是情感互动的延伸行为。

要么是你能拿到全网最低价，要么人家认可你这个人了，信任你了，挺讲究地在你这儿下单。

MCN 策划/运营丁从营销投放的角度看待这一问题：

选品挺考验对粉丝和观众的判断的，你需要明白消费者的心理，比方说我们从来不会推男主播卖男装，必须是女性主播卖男装，你懂我意思吧？不然你根本卖不动。现在消费市场卷得这么厉害，比拼到最后都是情感消费、情绪消费。单纯拼价格没有优势，但那些有自营工厂的，还有卖那些全网都搜不着的、没办法比价的东西是另外一码事儿。

短视频社交媒体娱乐迅速扩张，传统娱乐业被迫将重要的权力和影响力让给内容创作者、粉丝和订阅者。短视频平台为嵌入式广告创造了一个新市场，随之改变了营销和传播领域。制造流行，是平台确保商业模式运转的保障条件，也是社交媒体时代消费的新动向。短视频社交的高互动性——视频的、文字的、虚拟礼物的、社交货币的叠加影响，让简单的消费购买行为变成人与人社交行为的中介部分，是对用户身份认同的延续动作，在消费商品符号的同时，也在消费销售者的身份符号。"社交＋营销"两种互动行为的嵌套，可以理解为在社交中增加了营销的设计，也可以理解为在营销中增加了人际互动的影响因素。需要注意的是，消费者的身份也是多重影响下的型塑结果。平台与用户都在塑造合格、完美的消费者身份，同时也在选择适合营销活动的最佳消费者。通过短视频平台的直播间或视频账号浏览商品信息、跟随跳转链接完成消费……对用户的影响如同百货公司初现时改变了消费者的行为习惯，进而影响了消费者的自我认同一样，短视频平台的直播带货和视听内容植入营销与线上商城购物模式的不同之处可以从以下几个维度分析：

首先，与其他形式的线上购物方式的时间逻辑不同。在短视频平台购物需要依照由销售主播或者准代言人设计的时间线进行，时序性无法打破。消费者必须在直播带货设定的时间才有抢购的机会，且过时不候。而在短视频营销内容中，对于植入广告的介入时间点，作为观众的用户/消费者也并不知晓。消费者失去了对营销时间节奏的掌控，变得被动。消费者需要对自己的行动做适应性调整，消费者主导的消费行为模式逐渐向销售者主导模式变化。这与当下的线上商城、电商平台购物截然不同。消费者需要保持对销售者的持续关注、互动，将自身纳入其营造的消费场景中。销售主播要在预先策划好的消费活动中加入更多的互动与氛围感，以降低营销活动的设计痕迹，提高营销活动的煽动性与感染力。价格优势与媒介消费习惯的优势下，销售者也在形成对于消费者的型塑和规训。作为合格的消费者，无论是身份识别还是行为习惯，都需要向销售主播的社群特点靠拢，作为回报，销售者将商品以更具竞争力的价格向消费者兜售——以亲密互动关系的名义。销售行为中的情感联系与身份认同被置于重要的位次，成为销售者自发形成的行业标准。制造消费者的同时，销售者的身份也完成了建构。

其次，直播间和营销短视频的电子橱窗的空间语言有了变化。橱窗的陈列与其他社交媒体不同，得益于信息瀑布流设计和视听语言的丰富集合，消费者可以在不同的视窗间切换，浏览的便捷性与沉浸感得到提升。移动设备屏幕长宽比的设计造成电子橱窗的纵向视觉效果优于横向视觉效果，广角或者超广角镜头造成的畸变不符合视觉接受习惯，因此商家充分利用画面的景深特点建构电子橱窗的视觉纵深感，在视觉通道中堆叠产品的布展区和销售人员活动，强调面对面的交流感与近景景别，强调商品信息的特写镜头，嵌套产品信息、促销信息，这成为行业的执行规范。社交互动与营销行为找到了契合的形式，电子橱窗的信息丰富性与消费欲望刺激相辅相成。拥挤的、嘈杂的直播间与短视频窗口充满消费主义的符号，平台与用户携手强化消费行为的急迫与正当性，在非广告信息中悄悄植入广告信息，促使娱乐生活与消费合二为一。如同线下消费场景一样，实际上或许并没有那么多新商品，只是通过不断打乱货架陈设，表现出常有更新的样子，以这种富有动态的表象，使消费的节奏变快一些。直播间的产品更迭节奏也呈现出加速的趋势，明亮的直播间、色彩斑斓的商品以及道具的展示，配合快节奏的背景音乐和快速的产品介绍，商品以流水线般的状态迅速上线，在线身份的工具性在消费场景的映衬下得到凸显。

电视购物频道时代未能改写的营销习惯在短视频社交媒体平台时代突围而出的原因之一在于消费者身份的重写。消费者也是努力经营自己身份的企业家，通过消费确认身份并积极提升身份的价值。消费活动与社交活动的整合既是便利性与媒介使用习惯的合力，也是消费者在线的媒介分身的留痕方式。数字技术和社交互动共同建构。数字技术不是中立的客体，它们被赋予了与性别、社会阶层、种族/民族和年龄相关的意义。消费史就是商品及其图像流通加速的历史，利用人们对安全、自尊、权力、抱团的渴望，也利用人们的认同和偏见，更重要的是利用人们对事物的操纵欲和为事物赋予意义的欲望。消费者有支配自身消费活动的能力，也有选择在哪里以何种方式完成消费活动的权利。选择，也代表着媒介身份的物质性和经济性实践。

　　企业对互联网控制的增强意味着，大多数身份表达的空间都是商业结构，因此，企业现在使用身份来产生收入。这个过程不是单一的或整体的；相反，它是市场趋势和技术发展的结合。人们塑造自己身份的能力受到媒介的影响，社交媒体平台与非社交媒体平台相比，除了如何鼓励身份展示的问题之外（这超出了本书的讨论范围），让人感兴趣的是人们的身份表达如何被社交媒体商品化。人们通过消费来找到身份认同并不是新鲜的做法，越来越多的短视频平台用户有策略、有规划地展示自己的身份。身份即商品，自己也可以处于他人消费的位置。产消合一的商业模式在用户身份建构中得以实现。显然，商业化的社交媒体平台和许多独立网站都需要一种盈利模式才能运营。答案在于社交媒体平台重视用户的特殊方式。随着人们被鼓励将他们的线下社交网络转化为在线数据，一个人的数据被货币化了，一个人的身份变成了资本。这与之前的网络身份概念形成了鲜明的对比，用户的自主性受到挑战。社交媒体平台庞大的用户数量会成为吸引广告商的诱饵。

　　消费是专门用来标记社会差异的，换句话说，消费变成了一个类标记。（短视频内容的观众往往通过这样的路径建构身份）消费主义的意识形态可以归结为：生命的意义在于我们消费的东西，而不是我们生产的东西。我们想要表达的自我的几乎任何方面——智力、教育、国籍、爱好——都可以通过消费表现出来。身份由此转变为生活方式。人们被鼓励通过购买在社会环境和网络中被赋予意义的特定物品来表达自己。然而，这一过程并不完全是单方面的。值得注意的是，消费本身可以被视为一个积极的过程。换句话说，产品的使用方式和产品的含义是在对主流文化的理解和个人或亚文化消费者对产品含义的重新解释之间不断进行协商。形成身份是一项复杂的谈判，不应简化为简单的生活方式买卖。

　　平台指导内容创作者和用户将"自我"作为一种品牌来构建。正如基于他们所消费的产品来构建身份一样，具备灵活性的自我推销成为社交媒体必要选项。用户的账号内容定位在商品化的文化叙事之中，通过这种文化叙事，自我和期望的他者成为市场上的产品。换言之，用户用文字、照片、视频来传达一种特定的信息（这在在线约会和类亲密关系建构中非常常见）。在这个过程中，人们有策略地构建自己的身份，以便向潜在的客户——消费者和亲密伙伴——推销自己。

随着短视频平台将个人用户的身份商品化，个人用户也同样被鼓励战略性地、主动地将自己定位为消费对象。商品化和身份认同是密不可分的，毫无疑问，这些过程与短视频平台的商业利益是一致的。创建社交网络背后的推动力是利用这些力量（如信息流）来实现工具性利益。

作为消费者的用户完成的是一种更广泛的、无偿的产消合一的劳动形式，短视频平台与在线营销者依靠这种产消合一获取利益。随着科技的进步和物质生产进入后工业化时代，经济与生产越来越依赖于消费者，消费也已不是一般的经济环节，而是推动经济与社会向前发展的一种动力。从这个意义上看，不管是消费的参与人数还是消费的商品数量，以短视频平台为代表的网络消费都可以被视作是人类社会的又一次消费革命，它不仅改变了当代青年的消费文化，也改变了社会经济的发展模式。（戴慧思、卢汉龙，2001）

4.3　身份营销的挑战

短视频平台的用户媒介身份不同于以往时代和自我塑造技术的特点是——自我表达的潜在公共性、关注者反馈的及时性以及内容类型的永久性。

其对用户身份的建构，遵循双重商业化的逻辑：信息与产品的商品化。"做自己"是一项可以盈利的事业，也成为一种身份的焦虑。商业美学对社会产生了影响，这样的影响在短视频社交媒体中的表现也同样突出。市场给予了消费者某种媒介身份的功能。每当一个身份符号成为媒介市场的流行，用户就会很快习以为常。在消费主义文化的影响下，用户追求的符号物更新换代，贬值消失的速度越来越快。平台不断用以流量引导扶植的身份符号来延长用户的存留和注意力消费。寻求出众、出格的心态相较于墨守成规更契合短视频社交媒体的商业模式，失去短时间内攫取注意力的当量，也就失去了争夺用户的竞争力。同时，在短视频平台中，不乏大量以数额巨大的社交货币投入获得主播导流回报（关），将订阅用户的身份运作成具有影响力的在线身份的先例。氪金人设造就了大量的短视频平台用户"起号"神话。而这背后往往是成熟的商业规划与建构行为设计。人设的调整促成媒介身份的弹性设计，对于用户而言，仅仅依靠日常生活展演是很难在激烈的流量竞争中维持持续的影响力和吸引力的。短视频平台通过对数据的抓取与分析，为用户提供详尽的账号数据，包括播放量、观众来源分析、粉丝数据分析、账号诊断分析、账号横向对比等。数据架构的逻辑为用户建构自己的在线身份提供了柔性的调整空间。与日常生活身份不同的是，短视频平台用户在线身份的建构是建立在精准的数据演算基础上的，身份的弹性调试既是媒介逻辑的使然，也是用户建构身份、谋求身份价值收益最大化的必然。短视频平台放大、极化了日常生活中的身份竞争，促使用户更积极主动地调试身份建构逻辑及方式，而用户的身份建构行为调试过程就是媒介逻辑对用户的驯化过程。对用户身份的建构干预间接或直接地影响、塑造用户的日常生活，尤其是以日常生活呈现作为视听创作主要内容的用户，这一因果逻辑更为显著。当对既有的身份建构设定失去改进的动力和兴趣时，身份的离场、弃用或者重塑，通过简单的技术流程就可以轻易实现。用户借助短视频平台的技术路径，选择系统的技术力量来改变在线身份的命运和形态。用户还可以在同一平台或者跨平台开设多个短视频账号，实现多维身份的尝试和建构，试错理想化的自我身份，呈现更多元的日常生活，打破时空维度与身份的对应关系。这一延展性的特点加剧了短视频平台用户的身份展演竞争，也为日常生活的视频化呈现提供了戏剧化的合理性。短视频平台鼓励用户接收媒介日常生活呈现与在线身份建构的反馈，以帮助用户以特定的方式行动。当用户发布内容信息得到社交媒体好友和关注者的正向评价，这很可能会鼓励用户继续强化内容的特点；如果是负向或者无反馈互动的，用户则可能呈现不同的媒介实践做出回应。因为社交媒体自我表达的潜在公共性、他人反馈的及时性塑造出了典型的社交模式，虽然用户在使用时仍旧可以创造出属于自己的规范，但平台能否适时调整媒体使用规则也影响着媒体能否从边缘转向日常（驯化）的过程。短视频平台依托算法逻辑与视听信息整合成为高度接近面对面具身社交的媒介，也使得如何还原"人"——身体与身份成为其平台特点与竞争差异性。

短视频平台用户与商业平台的关系可以用数据关系来解释。数据关系是一种新兴的社会形式，我们所说的"数据关系"不是指数据之间的关系，而是指数据作为一种潜在商品所带来的新型的人际关系。随着时间的推移，数据关系可能会像劳动关系一样纳入生产活动中。通过用户为正常使用短视频而签署的授权协议，短视频平台拥有从用户线上活动中收集数据的权力。多数情况下，平台通过数据流动的方式来构建关系。如果没有对用户数据的提取行为，就不会有可识别的数据项。正是数据关系的稳定性使平台的数据提取看起来既有效又不受挑战。

我们知道，数据是通过将人类生活的过程抽象成可测量的数值而产生的，数据不是简单地从用户身上自动提取出来的，而是通过用户某一时刻自愿进入平台，并接受平台数据关系开始的。尽管数据的商品化程度在平台间尚不均衡，但不断提高的趋势并未有显著差别。正如马克思所说，工业资本主义通过将人类普遍的劳动活动转化为一种具有抽象维度的社会形式（通过劳动的商品化）而改变了社会。同样，在短视频平台扩张壮大的今天，平台商业主义取向正在将各种用户生活流转化为一种新的抽象的社会形式（数据），这种社会形式业已成熟，可以进行商品化。

对"自我"的理解是不断争论和变化的。无论本质主义的自我概念的准确性如何，我们制定这些自我的方式往往是通过购买、使用和展示商品与服务。通过消费主义构建自我是一个复杂的过程，它允许"有意"的信息的合并和颠覆。由于用户的自我意识经常与一种可购买的生活方式联系在一起，而用户可以获得或希望得到的生活方式不断被重新协商，这意味着用户在网上扮演多重身份的能力也在社交媒体商业结构中被压制了。除了自身的个人信息，一个用户在更大的网络中的节点占位将成为一种宝贵的资产。社交关系、家庭关系和亲密关系都将成为潜在的利润来源。既然人们似乎已经愿意为了潜在的消费而将自己商品化，那么便不太可能出现将用户身份商品化视为禁忌的阻力。我们生活在这样一个时代，自我暴露并与世界分享日常庆典成为商业活动的一种形态。短视频平台不是日常生活某个方面的单独再现，这就是日常生活本身。

4.3.1　失真：身份的离场

作为可流通的符号，在平台构建的社交活动规则下，短视频平台用户的在线身份确立指向了两条清晰的路径：一是通过标签设置的方式引导用户明晰自己的社交媒体在线身份特征，提供给用户身份建构在同平台内可以参考的对标对象。平台为每位用户的在线身份提供了详尽的数据分析，以帮助用户了解订阅者的喜好特征，校正、完善自身的身份建构行为，更具效率地匹配自身的订阅者喜好。二是用流量扶持的方式完成在线身份想象的议程设置，为用户打造具有号召力的模仿对象。社交媒体的出现，改变了以往的社群建构模式，社群的组成不再依赖于人们的地理空间接近性，也和人们从事的生产活动无关，用户进入社群的入场券就是用于包装自我的符号。社交媒体在线身份作为商品的媒介，变得像商品本身一样具有延展性、流动性和可交换性（交易性）。

用户在线身份的获得以社交媒体平台注册为始，媒介身份具备商品化的属性也同时获得。身份可以流转、交易、转换、注销，如同其他消费符号一样。经营媒介身份首先是一个社交议题，进而是一个商业议题。在账号的商业估值评价体系中，与影响力相关联的订阅用户数量与商业消费能力是重要的议价因素。当在线身份变更或者退出平台后，与之关联的社交互动、商业活动面临失序的风险，这增加了在短视频平台进行消费活动的不确定性，同时，基于身份信任而产生的社交关系也成为易碎品。

移动互联网的发展让图像、影像对媒体世界的掌控越发完善。链接和弹窗、购物车的设计完美地服务于商品的宣传，商品的象征性流通也因此提升。丰富的视听资源使用保障媒体文化产品可以继续细分，垂类更加细化，用户的在线身份定义也越发复杂。视听媒介让象征性的联想与产品更紧密地凝聚在一起。图像、影像的大规模传播成就了商业想象力的发展——虽然消费者的注意力会因为信息的多样而更加分散。通过逃避、投射、认同和模仿，用户在不断探寻着自己在线身份的定位。在线身份的获得与归属权不同于用户的现实社会身份，短视频平台在用户的身份所有权与存在权上具有压倒性的不容挑战的优势话语地位。作为短视频平台的监管方，对于用户的媒介活动具有法理及商业合同的双重责任与义务。用户在线身份与日常生活身份之间的互构在媒介平台的中介作用下，产生了被驯化的应力。在线身份的人设由现实生活中的自然人完成，如果要获得平台的影响力就需要重新评估该身份设定特征在平台逻辑支配下的流行度与认可度。目前短视频社交媒体平台的商业化和娱乐化倾向明显，在线身份的代运营就成为规范性的日常，即 MCN 机构负责用户身份的建构与运营，用户身份的归属、账号主体的所有者为 MCN 机构。作为日常生活身份的戏剧化投射，在线身份的主体变得多元且复杂，与线下身份建构有了明显的区别，即便在线身份与线下身份存在交集，也无法回避在线身份在短视频平台逻辑影响下的重新塑造。尤其是当账号所有者 MCN 机构与账号身份的载体用户的日常生活身份产生商业纠纷时，围绕短视频社交媒体账号的身份归属权往往成为法律纠纷的焦点。当短视频社交媒体账号的展演者脱离了原有的商业运营团队后，在线身份的持续建构与用户的线下身份之间部分交叠映射的关系也不复存在。日常生活身份与线上媒介身份的剥离感成为可见证的事实。在线身份的建构主体与日常生活产生了间隔的可能，短视频平台提供了在没有传统社会纽带的情况下形成新的社会纽带的机会，与平台的媒介逻辑交融互构，对日常生活的改写、放大用以建构具有影响力和号召力的在线身份账号，日常生活逻辑不可避免地向可视觉化呈现的短视频平台逻辑迁移。如同其他社交媒体平台一样，短视频平台无法完全复刻用户的日常生活，在社交媒体高速发展的媒介环境下，平台的用户也普遍接受社交媒体身份与日常生活身份的差异。但值得注意的是，用户身份建构的部分合力来自平台和代理运营机构。在身份建构活动中，即使是以游客身份在短视频平台活动的用户，其言行也在平台逻辑和其关注用户的规训下，身份的自主性与日常生活相比有较大的差异，这一差异的关键点在于商业化逻辑的深刻影响。即使作为订阅用户的身份建构同样存在经营的建构逻辑，保持较高的互动活跃度，以点亮粉丝灯牌等外化形式确认粉丝身份，以打赏、氪金的在线消费活动获取更高的主播关注度与社群话语权，也是在订阅用户间造成阶层分化的重要依据。媒介影响力同样深切地影响着订阅用户的身份建构。而影响力的上升通道依旧指向了清晰的商业逻辑——以社交货币推动的用户身份价值。在线身份账号也随之具备了可流通的价格和价值，其关联的身份与背后的身体成为商业活动的一部分——如果用户接受这一逻辑设定的话。

4.3.2　虚拟：身份的深度媒介化

数字虚拟现实技术在短视频平台的应用实践促成了虚拟主播（偶像）的普及，社交、网络社交的概念内涵在这一实践话语体系中得到了拓展。虚拟主播技术让社交中的身体与身份不再实时绑定，用户的身份与身体的对应关系可以实现剥离，虽然这一剥离的过程是技术性的，但其影响是社会性的。在非虚拟的短视频社交互动中，互动双方的日常生活身份均存在隐匿性，身体也存在遮蔽的可能性，特别是在平台对于身体展示及身份塑造有着清晰严苛且不断调整的规则的情况下。用户对于身份的展演和身体的美化展示具有规训后趋于一致的价值标准，因为对短视频平台规则的挑战行为有失去在线身份的风险。在虚拟主播、虚拟偶像出现后，用户社交互动的模式面临身体抽离与身份想象的变化。在营销活动中，虚拟主播（偶像）的商品属性与交往属性产生剥离，在具备更多符合媒介逻辑及营销规律的基础上，为在线身份的媒介化程度提供了另一种值得关注的论证。Gunawardena（1995）对社会存在理论的一个更现代的定义是：在中介沟通中，一个人被视为"真实的人"的程度。在这一交互过程中，受众基于自身体验，不仅实现"人机共情"，且从内容传达中激发用户的参与热情和互动情感。4K 标准视听和 VR 等技术，正以沉浸感和在场感超越用户感知边界，模拟真实图景，打通受众共通意义空间，以具身体验激活共同情感，促成积极行动，为沉浸感加码。唐·伊德（2002：13）曾指出，"从一个更广阔和更现象学的意义上说，真实生活和虚拟现实都是生活世界的一部分，因而虚拟现实既在积极呈现意义上的'真实的'，又成为真实生活的一部分"。技术具身使得传播可以达成物我两忘的境况。（技术与受众之间并非冰冷的技术接口，而是具有交互主体特性的情感连接，从而弥合着真实体验与中介体验之间的鸿沟，最大限度实现了情感的共振。）

　　一方面，媒介身份的虚拟与合成变成现实，用户可以炮制与日常生活并无关联的身份，也可以在与虚拟主播的互动中实现身份的想象。脱离了真实身体的互动降低了社交的冲突与风险，社会交往的娱乐性得到确认，用户明确地知道社交活动更像是一场信息和情感交互的线上娱乐活动，可控性与互动性皆可通过数据算法调试，身份的建构行为成为精确的算法实验，用户与虚拟主播（偶像）的互动交往是对程序和自我想象的回应。媒介身份与日常生活身份的关系解构后，媒介身份在短视频平台的娱乐符号商品属性成为明示的标签。脱离了具身的媒介形象离间了身份对身体的依赖，与身份的真实性和互动的具身性相比，身份交往的情感联系与情绪实践通过数据的模拟可以满足用户的需求，虚拟的身份短时间内很难在商业和道德层面取代真实的社交身份建构，但为媒介身份的建构提供了宽广的想象空间。如果经过数据分析和实际操演的虚拟身份建构与用户具身的媒介身份建构结合在一起，身份展演的逻辑将面临重新调整书写的挑战。当社交互动的诉求可以模拟、提纯、强化，身份的独特性和稀缺性在理论上具有批量复刻的可能，那么用户的日常生活能否应对戏剧化的新挑战就会成为短视频社交媒体逻辑颠覆的不确定元素。

观众赵对虚拟主播并不感兴趣：

我觉得和虚拟主播没啥好交流的，要么是真人扮的，要么是跟语音助手似的，都是和机器对话。但有一点好，啥时候点进去都在播，真人是做不到的。

当问及对 VR 主播的感想时，观众孙表示情感互动是与虚拟主播最大的差异：

虚拟的有点儿二次元，反正我这个年龄没啥兴趣，没啥交流。但要是下单的话，我觉得无所谓，反而虚拟（主播）的直播间更简单，没啥废话。

企业品牌代表吴对于虚拟主播持积极乐观的态度：

虚拟主播有什么不好的吗？这些工作有技术突破不来的吗？如果，我是说如果，AI 学习的数据库达到了一个量级，交流没有障碍了，也就成现实了。至于感情互动，我觉得会有影响，因为人的随机不确定性更强吧，秀场直播应该更容易先铺开，直播带货的场景应该会晚一些，但也不会逃离规律。现在看不到铺开主要还是边际成本的问题，一旦突破就没有问题了。至少对于广告投放来讲，完全可以尝试。目前担心的像不像、有多"像"的问题可能明天就不存在了，它可能就"是"了。

另一方面，作为媒介娱乐符号商品的虚拟媒介身份依旧面对身份归属与运营的矛盾问题，同时虚拟媒介身份的复杂性停留在数字交往的基础上，回避了具身交往的现实，这一逻辑能否重塑日常生活社会交往的逻辑仍然存疑。短视频平台用户对具身交往的期待与线上交往的期待能否全然剥离一直是未有定论的思考。在目前的短视频社交互动中，谋求线上交往合并线下交往的诉求是日常生活与媒介生活边界互构的体现。在用户之间的社会关系日益商品化的语境下，脱离了身体的身份互动将彻底媒介化——不仅是互动逻辑，甚至是互动对象本身都由媒介决定、媒介提供。对互动交往中感性的技术性控制是短视频平台普遍的算法特征，虚拟主播在必须完成的社交表演逻辑中是自洽的、灵活的消费符号化与社交符号化的结合体。在日常生活媒介化加速过程中，脱实向虚的虚拟社会交往的下一阶段——元宇宙将互动主体全部纳入虚拟身份展演的时空环境中，以Meta 为代表的元宇宙设计标志着社交互动与媒介身份建构的深度媒介化已经从设想逐渐变为现实。媒介逻辑与日常生活逻辑的矛盾协商结论未定，但可以肯定的是，随着虚拟身份的普及与元宇宙的软硬件完成商业化调试，互动交往关系及方式会越来越难摆脱媒介逻辑的驯化或影响。

本章小结

在短视频平台的新兴算法技术影响下，数据（身份）已经产生了流通的可能，社交互动与经济行为之间的无缝感越发明显，提醒我们重新审视赛博格理论的巨大价值和可行性。用户在平台注册的身份很难简单称为在线自我或者数据化的第二自我，因为通过短视频平台建构的自我已然是日常生活中自我的组成部分。这一媒介身份建构的情况直接影响日常生活的反馈与收益。身体和自我不包含在个体内部的肉身空间中，而是延展到了外部空间。与此同时，虚拟身份的主播、偶像也证实了类具身交往或者模仿具身交往的日常生活逻辑已经出现了新的视角，其结果是瓦解日常生活还是将数据真实地嵌套进日常生活，这是值得关注的议题。媒介身份的商品化既包括用户线下日常生活身份的线上建构，也包括媒介身份对用户日常生活身份的影响，这是具身交往的向往带来的羁绊，也是社交关系商品化的表征。媒介身份的归属、经营、收益在用户的媒介实践中形成了多方博弈的默契，无论是自我经营，依托于 MCN、直播公会代运营，还是合作分账模式，将身份展演纳入商业化的语境下考量，平台的媒介内容设计与日常生活联动，戏剧化呈现日常生活，调配戏剧性与真实性的冲突都深刻地映射出媒介逻辑对日常生活的驯化。反过来，因为影像在社交互动中对于真实性的加持作用，媒介身份的塑造者无法与日常生活身份全然剥离——在虚拟主播（偶像）介入之前——因此，调试日常生活以确保媒介身份的特质与理想化设定也成为约束用户日常生活身份建构的潜在要求。媒介与日常不是非此即彼的替代关系，而是制约合作的关系。媒介逻辑与日常逻辑在博弈中调试身份的内涵语义。商业化目的与消费娱乐指向促使媒介身份展演向着既往社交媒体未完成的符号消费进程持续推进。即便是仅仅作为订阅用户身份存在，也需要在平台互动规则的引导下建构合格合规的媒介身份，打造标准化、规范化的消费者，这也是平台商业逻辑闭合的重要一环。虚拟主播（偶像）技术的迅速扩张和取得的阶段性的商业转化成果，加速剥离了身体与身份的依存关系，媒介身份的消费符号特征得到了强化和明确。互动交往中的身份是可以脱离具身性的。短视频平台人机交互的普及，传递出社交互动的媒介化倾向，规避了诸多风险的虚拟身份对日常生活的法律、道德秩序与社交理念的颠覆才刚刚开始，线上还原重塑的日常生活与线下依媒介逻辑调试的日常生活，究竟哪一个更能代表社交互动的语境，仍是值得深思的话题。但可以明确的是，纯粹的并行不悖且逻辑自洽的日常生活已经不复存在。与此同时，短视频平台的直播因其媒介逻辑的特点成为连接商品和消费者之间的最短路径，压缩了产销购之间的中介环节，同时将情感调动的优势与移动互联网的便捷性相结合，造就了直播带货行为的诸多特征。媒介逻辑的"穿透"和对媒介逻辑的"改写"同时存在，我们对直播的繁荣局面或者乱象的认知，都需直面身体意向建构和消费行为的媒介化，而非简单的技术决定论视角。

第 5 章　　　短视频直播
仪式中的用户身份

　　美国社会学家兰德尔·柯林斯（2012：XVII）提出的互动仪式链理论对于如何分析社会实践活动给出了参照模型。他提出互动仪式包括四个基本元素：两人或两人以上聚集，对局外人设限，人们的注意力集中在共同的对象或活动上，人们分享共同的情感或情绪体验。柯林斯认为，使一个仪式成功或失败的最核心特征是相互关注和情感连带的过程，形成一种瞬间共有的实在。身体的聚集使其更加容易，远程仪式的效果会是较弱的。柯林斯提出的另一个重要概念是"互动仪式市场"，即个体所具有的际遇机会决定了个体的互动仪式对象与仪式强度，以及他们能够提供什么来吸引对方加入互动仪式。由此提出了人类行动的一个动机模型，他们趋向于获得相对于其当前资源的最高的情感能量回报，正是在这个意义上，个体的行为就互动仪式而言，是理性的行为。在柯林斯看来，情感能量如同符号资本一样，也是一种成本，只要意识到这种情感能量的花费能够给他们带来更多的回报，人们就会这样做。人们在互动仪式中花费他们的情感能量，而具有权力与地位的人最能够带来高额的情感回报。

5.1　短视频直播的互动仪式

　　短视频直播①的互动仪式具备互动仪式链理论所提出的四个基本元素，唯一需要重新确认的是，互动仪式链理论强调仪式参与者身体的共在，但在互联网社交成为人类社会主要互动方式的当下，短视频直播的发展现状在事实层面上为非身体聚集的远程仪式创造了新的关注点，新的关注点也形成了新的情感。与柯林斯强调的传统远程仪式借助电视摄像设备让不在场的观众体验情感投入类似，网络视频直播借助移动终端或者网络摄像头

---

　　①　本书中提及的短视频直播指的是用户利用平台提供的技术基础，在短视频账号中开展的实时视听内容播送形式。

提供的近景镜头，使得观众能够清楚地看到人的面部表情，而不受其他信息的干扰，在技术实践上消解了非身体共在所带来的仪式效果减弱问题。或者说，非身体共在不成为短视频直播这一仪式衰退的决定因素。短视频直播形成了特点鲜明的互动仪式链。

5.1.1　仪式建构

苏联文艺理论家米哈伊尔·巴赫金（2010：67）的狂欢化诗学理论为文化研究提供了一个重要术语——"狂欢"。网络直播的传、受两端都体现出典型的狂欢世界的特质。从传播学视角来看，网络直播既是人类狂欢精神在特定社会媒介环境中的生动体现，也是受众权力意识觉醒的体现，更是媒介掌控者与受众话语权博弈的产物。

"狂欢"包含融合、颠覆的意向，在巴赫金研究的民间文学中，表演者和观众有两个重要特征。首先，二者地位界限没有那么分明，每一个个体都可以成为个性鲜明的主体，不受支配、自由自在地展示自我。其次，正是在这种个性展示的情况下，个体地位得到了升华，群体呈现多声部效应，从而达到一种群体精神释放、群体狂欢的局面。

短视频直播区别于传统媒体直播的特点就在于硬件设备和专业技术门槛的降低，打破了以往传播者的绝对权威和技术区隔，也因此激发了网络直播平台用户的大量涌入。在短视频平台的推动下，直播主体竭力地展示自我以期赢得广泛的关注，获取丰厚的物质回报。在众声喧哗中，籍籍无名的普通人也可以获得流量变现所带来的愉悦，流量明星的迅速增长将"生活流"的直播样态提升到了全社会关注的高点。全网播放量过千万次、过亿次的视听内容改写了"造星"的逻辑，动辄豪掷千金的直播观众也引发了诸多争议和不解。网络直播在现实操作的层面将表演者和观众的界限淡化了。人人皆可直播、事事皆可直播是群体狂欢的潜在逻辑。狂欢理论中强调的仪式性在网络直播的虚拟广场上得到一一展现。

MCN 策划/运营丁对直播间狂欢氛围的维系有自己的经验：

　　直播间人气的情况很复杂，主播需要搞平衡，端好水。具体来说就是维系好主要的打赏大哥，因为直播间带货的情况还有差别，那种情况不是需要绑定谁，下单再复购的也不一定会给你打赏对吧？人都有被气氛抬上去的时候，只是一个大哥刷礼物，他也没有 high 起来，要是有竞争性……（主播）不能让榜上名次差距太大，排在后面的要么看看热闹，要么就走了。你得让他感觉可以得到尊重，得到认可，这种认可呢，也不是没有危机的。这样一来二去，形成竞争或 high 起来的局面。咱说直播间一掷千金没有成就感吗？不可能的。当然现在管得严了，有冷静期又有未成年人退款的，暴利的时候过去了。

　　与之形成对照的现象是，数量不小的传统媒体的主播纷纷参与短视频直播却没有产生与传统媒体工作等量齐观的传播效果。可以讨论的原因之一在于，短视频直播提供了狂欢所需的空间。狂欢的逻辑需要参与者转换特定的、规制的角色，而这恰恰是传统媒体从业者很难颠覆的。为了顺应短视频直播的趋势，多家广播电台采取直播间同步移动直播的策略，以期拉动节目的收听率，提高关注度，增强互动性，其失败原因也和上述情况一致，即还未意识到短视频直播的狂欢逻辑与传统媒体互动仪式的差别。

　　主播 B 在谈及这种差异时表示：

　　有体制内身份的（主播）还是放不开吧，人设没有突破或者反转啥的，粉丝也没必要在（短视频）平台上关注你吧，看节目不就可以了？他就是要看反差，尤其你有偶像包袱的时候。

　　从事短视频账号代运营工作的周透露：

　　广播电视的主持人目前也普遍要求开设短视频账号，自己成立类似于 MCN 这种（机构）做统一管理和设计，但是你毕竟有事业单位的身份，你像网红一样博眼球那肯定不行啊，但你正襟危坐的也没必要啊，流量不可能往这儿投。你太放开吧，短时间火一两个段子，可能，大火未必。人设的底层逻辑不一样。

网络直播的技术特性将潜在的受众人群扩大到了理论上的极值。在丰厚的商业利益回报预期下，与已经具有权威性和知名度的传统媒体意见领袖、明星不同，直播的主体——主播们需要通过夸张的表演、非常规的个性来吸引受众关注，对传统的审美和道德底线发起挑战，演绎更加夸张的狂欢景象，鼓动更多的追随者并制造更大的互联网传播声量。与此同时，关注度的易消散特性也会促使直播主体继续维系夸张的狂欢表演。在这样的循环中，网络直播的狂欢达到峰值。

5.1.2　话语变迁

颠覆等级区分是民间文化的一个重要特点，狂欢主要针对的是群体的精神状态，个人在群体的解放之中领略到人的本质意义以及在群体狂欢下达成个人狂欢体验。用户的自我意识、消费渴望和与精英阶层对抗的社会心理是争取话语权的内在推动力。网络直播为用户实现参与权、对话权提供了开放的平台；直播易接入、高回报、交互强等特点，满足了用户对话语权的预期。

以网络直播平台曾经的主流内容"喊麦"为例，被冠以"简配版中国嘻哈乐"称号的"喊麦"与主流的说唱界发生了诸多论争，双方的支持者各执一词，试图捍卫自身阵营的合理性和优越感，形成了两种话语模式的对峙，其背后是不同社会阶层对娱乐话语权的争夺。可以说，没有网络直播平台就没有"喊麦"的广为人知，没有网络直播的粉丝号召力也不会有"喊麦"支持者挑战原有话语权威的底气。"喊麦"的唱词充斥着底层人士的不安、迷茫以及同主流娱乐格格不入的"粗鄙"的娱乐情怀，但"喊麦"的创作者和支持者在网络直播平台收获了堪比主流音乐形式的关注度和支持，这样的崛起方式与主流话语形成了天然的对峙。"喊麦"的音乐性尚待定论，但"喊麦"作为小众文化和大众狂欢的符号在与主流文化的交锋中凸显了颠覆的可能。

观众赵提及短视频平台不断变化的流行热点时说道：

"喊麦"也好，"社会摇"也好，都是火一阵就没动静了，短视频（更新）太快了，刺激一直都有。有高级的、低级的，差别也不大。我不信说什么"玩的就是真实"，真实不真实还用说吗？剧本太多了。但为啥老百姓喜欢？以前没有这样的途径啊，网红网红，以前连网都没有，老百姓怎么能红？存在即合理吧。

狂欢理论认为，处在狂欢中的人们可能忽视道德和法律的束缚，抛弃平日的条框约束，而选择粗俗的"广场语言"。网络直播的实时性为这种对立提供了情境，在这一情境中，民间话语构筑了自身的话语模式、价值标准与群体符号。在这个狂欢的广场，底层与精英融合对峙并存。受众与自己的追随者亲密互动，自由交往。受众在网络直播中放肆表达是否代表他们拥有了话语权尚未有定论，但是网络直播为受众提供了争取话语权的平台，这一点是毋庸置疑的。让受众拥有表达自我的平台，这是探究受众话语权能否真正实现的基础。以商品化思维审视话语变迁，不得不面对的现实是具备了商业变现潜力的话语在短视频平台得到了其他平台没有的宽容度，如果失去商业变现的预期，话语的流转变迁是否还有这样的轨迹？

5.2　短视频直播的权力建构

乔治·格伯纳对媒介权力的定义是，现代传播媒介是一种对个人或社会进行影响、操纵、支配的力量（王怡红，1997）。在短视频直播中的传受双方因为直播的交互性特点在媒介权力的分配上有了不同的特征，也影响了这一互动仪式的进程。在与媒介的连接过程中，即便存在增值的预期，无论是商业的还是非商业的，都无法均衡地分配媒介权力，即便是在高频、低延时互动的短视频直播形式之中。

5.2.1　直播中的媒介权力分配

柯林斯在对互动仪式链条的解释中强调，有权势的人会在一个个的情境中再造出权力，而被他们所支配的人们则会再创造出较低的情感水平，使其成为前者的拥护者与附属者。在短视频直播的仪式中，主播拥有绝对的话语权，且拥有将话语权共享的权力（如用连麦的方式），是这个互动仪式中的权势方。在互动仪式中，权力拥有者能够带来高额的情感回报，发布命令者拥有较高的情感能量。与围观短视频直播的观众相比，主播群体是拥有更高的情感能量的一方，也更有信心和热情去做出他们认为道德上容许的事情。

主播 C 对短视频直播间观众和主播之间的关系有更简单直白的描述：

就看谁能拿捏住谁，主播最讨厌吆五喝六又抠抠搜搜的，这要求那要求的，真打 PK，他就没动静了。像这种（观众），你就不能一直捧着，该压一压就压一压，放他在边儿上晾一晾。你差票，但不一定是差他的票。这份工作需要钱，但不一定就是差他这份钱。总之，还是要保证主动吧，不然你直播间里的其他人也留不住。

可以看到，作为职业主播，其在互动仪式中有很强的主导意识，但仍然对观众与主播的关系有清晰的定位，即个案的互动交往失败不能破坏商业活动的正常运行。

经常在短视频直播间围观的观众赵对此有不同的看法：

我觉得某些主播的套路也挺幼稚的，说白了，没有大哥捧，没有我们这样的粉丝做流量，小主播们都干不下去，你开播了又能怎么地？我基本不打赏，但像我这样不消费的也明白，那你不得给人家主播贡献点啥啊，炒炒气氛，带带节奏啥的，捧不来钱场，还不捧人气吗？那也多少不太讲究。主播都很会，粉丝区别对待，各有各的道儿。大主播管你是谁啊，像一些小主播，还真的挺好的，方方面面的（粉丝）也能照顾到，感觉玩直播，不真实吧，但也还带点儿真情感。

在短视频直播中，围观的观众除通过主播连麦获得对等话语权之外，只能通过共享仪式链理论中提出的，仪式中注意力集中在共同的对象或活动上。视频直播这一仪式中，媒介权力分配的固有规则确保了仪式的焦点和掌控者的唯一性。主播对于直播内容拥有自主权，权力分配不平衡带来情感能量分配不平衡，不平等的情感能量分配会影响仪式的持续性，当关注和情感减弱时，旧仪式就衰弱了。因为情感能量的持续期不会太久，为了维持围观的观众保有基本的情感能量，主播必须通过有选择地分享话语权让整个互动仪式持续下去。连麦、点名、致谢、回复提问等都是给予围观者尊重以及存在感的常见方式。同时，作为关注焦点的主播会用强烈的积极情感感染围观者，确保整个互动仪式始终有吸引注意力的情境。

5.2.2　媒介权力的让渡

是什么决定了个体要参与某个互动仪式而不是其他仪式？这取决于互动仪式能够提供的情感能量回报是否满足了参与者的预期。在短视频直播过程中，如果围观者只是被动地观察而没有参与到互动仪式中来，那他（她）只能获得较低的情感能量，从而导致从互动仪式中离场。互动仪式链理论中的"舞会逻辑"解释了稀有的匹配者在会话市场的盛行程度，主播们需要打造自身的符号化特征以吸引围观，引发追捧，如果同时能让参与者获得在互动仪式中发言的机会，对于仪式的团结也至关重要。因为短视频直播具有实时性，在有限的时间维度之内，话语权力的分配只能在数量有限的参与者中进行，绝大多数的围观者无法获得发言的机会，即便他们具备了发言的能力。

　　互动仪式的群体团结需要一定数量的参与者来维系，在短视频直播内容的差异化特质不足以吸引围观者停留时，能否分享互动仪式中的支配权力就成为互动仪式维系的参考条件。这里所说的媒介权力包括话语权以及支配权。和主播同框连麦是短视频直播中权力共享的做法，将唯一的关注点暂时性地变为唯二的关注点，给予参与者在互动仪式群体中极高的排他地位。这种通过权力暂时性地让渡区隔的群体分层打破了既有的互动仪式层级设置，可以极大地激发围观者的情感能量，在群体中产生示范效应和暗示，使得围观者产生"想象的排演"以推动互动仪式向更大规模和更长久的时间维度延续。与此同时，主播选择性地满足围观者的要求，通过肢体动作或语言维系互动，保持粉丝数量。围观者在支配主播的过程中暂时地完成了权力的反转。

　　因此，从研究视角上来讲，短视频直播因为实时的交互性确保了媒介权力在互动仪式中让渡的可能，有助于调配不平等的情感能量分布，从而让互动仪式的情境保持长久的群体团结。主播与围观直播的观众间存在互为主体性的条件。

　　短视频直播的商业模式也是建立在流量变现的基础之上，签约主播、广告、会员、竞价排名、垂直电商都是直播的盈利方式。其中以观众打赏主播礼物与互动仪式的关联最为直接，观众购买礼物送给主播，短视频平台和主播按照约定比例分成变现。在直播的情境中，礼物就是互动仪式中的情感等价物，这一新符号也是仪式中的"神圣物"，对整个互动仪式的持续进行影响深远。

　　互动仪式链理论表明，没有物质生产就难以维持互动仪式，也无法产生情感能量。短视频直播中除了基本的硬件接入条件和带宽之外，进入和维系这一互动仪式的物质生产条件就是打赏礼物。前文提到参与者本身的情感能量增加的方式是通过主播话语权的让渡和注意力的投放，打赏主播礼物几乎是实现上述目的的唯一路径。主播们在商业逻辑的操控下，将获得流量以及流量带来的物质回报作为行为的主要驱动力，极力鼓动围观者打赏，也在高额打赏者的要求下共享话语权、设计直播内容、投射更多注意力，给予高额打赏者更高的情感能量回报。在这样的循环中，互动仪式得以维持。参与打赏的观众的社会阶层在直播情境中得到了重塑的机会，超越阶层的话语权通过炫耀性的消费成为可能，在互动仪式中，参与者可以通过描述他们的消费而夸耀自己多么有钱以获得直接的情感回报。作为仪式中"神圣物"的虚拟礼物成为情感回报的载体和引起主播注意、赞赏的有效方式。打赏的观众在竞争性的消费中塑造着自己在当前互动仪式中的阶层和身份，通过与主播的相互关注和情感连带，形成了一种瞬间共有的实在。

5.2.3　直播带货中的身体规训

网络身份是通过复杂的社会技术过程创建的。我们不能完全控制有关自己的信息是如何生成、储存、复制和扩散的。这些信息至多是被我们管理而已。管理的逻辑随着技术规则的调整和模仿对象的复现渐渐成型。我们以严格遵循或戏仿的模式完成身体预期建构。

5.2.3.1　滤镜塑颜

社会学有一种划分是把身体划分为自然的身体、生产的身体、消费的身体和媒介的身体四个维度（郭景萍，2011）。在直播带货的展示过程中，主播"自然的身体"与"媒介的身体"两个维度融合，在媒介技术逻辑的左右下，身体再造并成为弥合具身性与虚拟在场的重要中介。

直播带货的场景中，推介和说服是直播销售员的主要话语诉求，产品的性价比是激发购买欲望的重要手段，但我们比以往的电视购物时代更无法忽略身体在这一传播过程中的作用。因为直播的特性和移动端设备观看的习惯（线性播出与屏幕宽高比），受众的视觉焦点大量集中在以拟态人际传播促成消费的直播销售员身上。景别和摄像机位的限制决定了直播带货时出镜的主体数量较少。"某某的直播间"的命名方式凸显了比较稳定的带货主播个体，带有明确的个人媒介身份标识。排除商品价格的竞争优势，主播们需要明晰的社交身份建构，取悦、维系社群，以增加商业竞争力。"身体"维度的美化成为身份标签的关键要素。

各个直播平台都为直播过程提供了动态滤镜，围绕滤镜的使用形成了大量的经验总结与教程。随之而来的争论集中在"化妆"与"塑颜"、"虚拟"与"真实"的取舍标准上。戈夫曼在研究人类日常生活中的自我呈现时，论及身体在"印象管理"中的重要作用，正是借助对身体的规则化控制，一个稳定而充满意义的自我才得以呈现。而当下，技术实现的滤镜就是身体的自我呈现中最具统治力的规则。肤色的改善、脸形体型的调整、流行热点的模仿、虚拟彩妆的风格、萌化的特效……自然的身体经由丰富的技术规则完成了媒介化过程，受技术规则规训成为"技术的身体"——以技术重塑，与自然身体融合互构。直播销售过程中对身体的调试和再造日趋便捷、普遍，技术的身体就越发成为不言自明的身体代名词。而技术身体甚至对自然身体形成反噬与排斥，自然身体不符合技术审美的部分难以被接纳。以某短视频平台的"方脸风波"为例，拥有千万粉丝的某主播因为线下活动照片曝光，陷入了网友对其脸形是否太"方"的质疑中。粉丝无法接受现实与滤镜美化的主播差距过大，并拒绝接纳可能更真实的自然身体。滤镜塑颜模糊了线上线下的主客体边界，并型塑出能够完全投射受众期许的完美技术身体，形成主播的默认美学规则，一旦挑战这一规则，就将面临极大的粉丝流失风险以及可能的商业损失。因此，在媒介平台强大的媒介逻辑下，主播们追求身体自由但又主动接受身体规训。

直播销售的仪式核心是将人与物的互动关系重新连接，与上一阶段的传统电视购物形态不同的是，售买双方信息不对称的情况得到极大的改观，更容易获取的信息将直播销售行为与拟态的人际传播紧密绑定。放大消费主义语境下的对特定生活方式的向往，主要依赖商品推销员为购买行为增加的附加价值，这一附加价值深度地整合了对推销主体的想象，其中对身体的想象通过技术手段实现趋同，从而为直播销售这一互动仪式实现可控的认同。围观行为促使审美观念的趋同,技术化的表征——滤镜既是审美观念的阶段性的公约数,也反过来规训着直播带货中身体的模板。对滤镜本身的顺从和反抗,都是建立在滤镜本身无可回避的影响力上的适应行为。

5.2.3.2　脂肪剥削

有研究指出,脂肪剥削即刺激消费者对他们肥胖的身躯产生厌恶,并以此谋取商业利益(福思,利奇,2017)。以往在电视真人秀和广告中出现的污名化脂肪,在直播销售的语境下得到复刻。完美身材或许是种美好的想象,但这一想象一定和脂肪相距甚远。

在直播带货的过程中,主播们对于体态的刻板印象集中反映在对"瘦"的追捧和对脂肪的厌烦。经由直播镜头映射出的身体极力避免对脂肪的正面评价和展示,以"瘦"为美,并将"瘦"作为美好、积极、自律的投射。打造受人尊敬和羡慕的技术身体成为直播销售中的重要基础。将"瘦"与美好意向的深度捆绑经过重复强调成为对身体的审美共识。滤镜对瘦腿、瘦脸、长腿形象的一系列技术支持无疑强化了瘦的合理性与优越感。为"瘦"而努力的消费行为得到鼓励。对肥胖的自我开解、温和嘲讽以及胖瘦转换间的心境更迭将"瘦"的审美观念深植于热闹的推销仪式中。对脂肪的苛责包裹在对美好身材的追捧下,在低脂、零卡、无蔗糖、显瘦、调整身材比例等商品促销推介话语中,重复着脂肪剥削的行为。建立在"瘦"的认知上的审美与基于脂肪的审丑相对应,反映出这一身体审美逻辑仍根深蒂固。当对脂肪的系统性排斥成为无须解释的标准,一定程度上也加速了直播带货快消商品品类的趋同。

5.3　短视频直播互动仪式的消散

作为互动仪式的短视频直播在一定程度上提供了区别于传统媒体时

代，用户之间、用户与平台之间关于身份的想象与边界预期，但我们同样需要面对一系列新的挑战，同时管窥媒介逻辑与身份建构、维系及社会活动之间的缝隙。博弈的结果依旧是横亘在媒介活动中的分水岭，其决定了媒介以这样的方式影响用户并产生怎样的价值预期。

5.3.1　身份等级重塑

群体中的地位等级是一种强大的激发力量，涂尔干也曾经指出，人类只有融入社会群体中时才会发现生活的意义。短视频直播的会话情境有时呈现出一种明显的类似市场的特征，出价高者获得的认同感和话语权构成了其在互动中的身份符号。短视频平台的礼物刷榜和斗富行为屡见不鲜，抛却人为操纵的因素，成为群体关注的中心相较于处在边缘或者被排除在外更符合互动仪式中的地位等级诉求。权力和地位两个维度决定了参与互动仪式的围观者的个体人格。某种程度上，打赏者在现实生活中完成阶层流动的成本要高于短视频直播互动仪式中跨越群体地位等级的成本，不断更新的打赏榜单也一再提醒参与者其权力等级与身份地位带来的优越感。

正如主播 B 所说：

为啥老叫榜一大哥、榜一大哥？那真是大哥，唠好了，一场直播够你一个月半个月的了。不像大主播，我们估计这辈子也成不了人家那样的，你不维护好榜一、榜二，不让他有不一样的对待，人家凭啥一直捧你呢？

因为一对多的传播模式导致短视频直播的主体没有办法与每一位互动仪式的参与者交流，打赏的机制帮助主播筛选出需要重点关注和互动的群体，物化的情感决定了参与者能否获得更多的情感能量与互动反馈，从而完成情感收益。群体中的社会自信需要相应的情感能量支持，而情感能量的货币化导致互动仪式中群体的分层。互动仪式的参与成本借由这一形式由隐性转为显性，由暗示转为明示。除非此前已经储备了充足的财富，否则，参与者最终会因为缺乏参与所需要的物质资源而缺席互动仪式。随着投入的增加，参与者的情感回馈期望也会影响主播的行为，进而影响整个互动仪式参与者的构成。因为打赏机制的设计，短视频直播的主体也在不断塑造自身的群体地位等级。

5.3.2　监视关系重组

社交监视通常被平台和互联网服务供应商隐藏在使用便利的外表下。在数据商业化时代，与他人建立联系的一个关键后果是让人屈服于他人对自己生活的持续跟踪，这个过程直到最近还被称为监视。

在监视关系背后，是短视频平台对用户开采过程的延伸，但被占用的不仅仅是作为劳动力的资源，还有被其转化为数据的用户身份。这一结果改写了用户的生活，首先是因为人们不断地在监视和被监视的共在模式中穿行（平台通过监视活动来提取数据），其次是因为人们的生活成为平台商业生产的资料。换句话说，平台的商业模式是一种新兴秩序，即通过数据及数据关系来提取社会资源以获取利润。从用户生活中获取数据的数据商业主义逻辑与技术基础设施携手合作，使这些数据能够持续性转化为商品。

短视频直播在时间线的调配中将用户之间的监视赋予新的社交互动意义——瞬时的共同在场为直播仪式赋予了技术上和道德上的合理性。主播与消费者在商业销售活动中达成了共在的监视，既是商品销售的——包括价格、信息、库存，也是社交行为的——包括数据、表演、互动、反馈。在直播的仪式中，处于销售角色的主播在窥视与监视中杂糅了商业营销活动。短视频直播带货的仪式从商业逻辑上而言，并不比货架电商有迭代升级的优势，反而在消费决策的驱动力上存在时间性上的不利因素，若失去价格优势则更加缺乏竞争力。但从 2016 年（普遍认为的"直播元年"）开始，直播带货迅速成为电商模式的主流。人、货、场的三位一体中，人的地位不言而喻。数据化的信息流巧妙地促成了狂欢语境的形成。对于消费者而言，消费行为的附加价值在于视听节目与主播社交平台行为监视的复合。短视频直播即时性让互动反馈变得无法回避，短视频平台的界面设计极尽丰富之能事，为在线互动提供了多样化的表现方式，包括视效丰富的道具、留言、打赏等，以增强用户黏性和直播间留存率。同样，作为主播也可以在自身后台界面清晰地监视直播间用户的行为及信息，为商业销售提供更精准的营销决策和行为调整策略。这样的双向监视又在更高的数据维度被短视频平台所掌握，并且有选择地甚至是有偿地披露给用户，用以指导用户的社交互动行为和商业模式设计。监视的逻辑在数据库的支持下成为用户互动行为的逻辑之一。

本章小结

短视频直播并不是全新技术手段的产物，也没有颠覆现有的网络媒介格局，但其互动仪式特征冲击了既有的网络社交逻辑和商业模式，对既有的精英文化话语权提出了挑战。短视频直播印证了具身性与共存性的新模式，在这一模式中，受消费主义驱使的互动双方将情感能量物化、商品化，以狂欢之姿，完成互动仪式。这一互动仪式的媒介权力分配及消费范式的改变对于短视频直播的商业模式成败至关重要。

从互动仪式链理论出发，短视频直播也促使我们对互动仪式这种社会行为进行反思。传统媒体直播形成的互动仪式在逐渐消散，那么短视频直播的互动仪式是否也终将消散；随着人工智能虚拟技术的成熟，未来的短视频直播主体是否还是真实的"人"，或者说，该怎样界定"社会关系的总和"；脱离了现有的用户群体，情感能量的产生还能否维持互动仪式；互联网内容产品应该服务于用户的需求——特别是潜在需求——当短视频直播将潜在需求显性化后，如何调试可能的亚文化冲突与社会关系冲突；当其他互动仪式出现后，作为内容呈现方式的短视频直播将会有怎样的变化，等等，一系列问题尚待解答。

第 6 章　　结　语

　　媒介化世界实际上是社会和文化的日常规范。媒介作为经验和知识的主要接口的重要性在日益增加。媒介机构组织人们进入世界，如过滤器一般，注意力的逻辑、对人和事件的关注、对大众流行的结构性偏见等，都与媒介密切相关。身份、注意力、记忆经由媒体中介而日益商品化。分享、追随流媒体内容成为社交媒体平台的默认脚本。作为短视频平台的基础架构——算法、搜索和数据库不是决定而是主动地塑造它们的内容，在日益货币化的环境中中介和指导着社会实践。随着媒体日益融入日常生活，了解它们如何创造一个日常生活的秩序框架变得至关重要。短视频平台鼓励通过可视化、可量化个人数据来建构用户身份，暗示可商品化的自我。理解这种联系的核心可以说明媒体系统——包括不同种类的媒体——如何促成和制约日常经验中的话语实践、交际能力和社会联系。

　　媒介化理论寻求捕捉媒体嵌入日常生活的后果，无论是哪种流派取向，都需要一个新的创意，以便决定性地摆脱影响范式，因为它关注的是两者之间的关系："媒体的变化"与"文化（社会）的变化"（Hepp & Krotz，2014）。经短视频平台中介，日常生活媒介化与媒介生活日常化成为常态。技术媒介被用作假肢，作为一种新创造的存在方式，助力人的社会行动的延伸。

6.1　持续的身份媒介化

　　身份可以视作人们如何在现实中定位的问题，作为连接个人、公众和机构的交流中介。如果一项技术被认为适合某种身份，那么使用它来完成该身份的建构任务将被认为是适当的。当群体规范内化为群体成员作为自我定义、态度和行为调节的基础时，社会影响就发生了。在许多情况下，个人通过建构、引用身份来定义他们与技术的互动，这些身份要么推动，要么阻止他们使用技术。媒介通过对注意力的调节来塑造用户，展示分享预示着个人对秩序的默认，注意力的基本循环就此发生了。随着短视频平台用户身份媒介化程度的加剧，与身份相关联的议题也在媒介化的背景下发生了或明显或不易觉察的变化。

回到第一个研究问题的提出，**短视频平台用户身份媒介化的表征是什么？**至此，我们可以尝试给出答案：用户身份媒介化的突出表征即身份的商品化，借由短视频平台的传播，形成并渐趋固化为用户社会生活的新态势。

6.1.1　身份固化的压力

短视频平台的内容生产中无法回避的问题在于，身份的自主性与流动性受到潜在的规训制约。突出表现为引起广泛讨论的男性凝视与性别偏见，以及作为商业品牌而固化的，渐渐失去自主性的身份标签。Hayes 与 Stratton（1988）所提出的身份就是一个个体所有的关于他这种人是其所是的意识。在短视频平台的媒介实践活动看来，这存在固化的风险。

首先，尽管经过多方的努力与调控，但女性身份的建构仍然无法脱离刻板的、符号化的处境。短视频平台在女性身份展演中，事实上强化了日常生活中的性别不平等。调研中发现，平台中，可见的、被聚焦的、得到流量红利扶持的以女性为主要人物的短视频内容生产在平台规则的调试下，以"合理"的性暗示作为身份标签，取得了具有号召力的商业成功。短视频平台极化了日常生活中的身份建构偏见，同时降低了平台女性身份的多样性。女性用户的身份建构——或者说——自我呈现的方式受到了诱导与限制。短视频平台一方面有严格的审查机制（包括人工审核），确保视听内容的道德、法律风险在可控的范围，同时建立了明晰的惩罚举措；另一方面，泛娱乐的倾向成为短视频平台的重要特征，女性成为娱乐性的代表符号，在流量红利的诱导下成为身份复刻的对象，并得以强化，形成了用户可感知的平台媒介逻辑。结合用户的身份建构论述，可以发现女性身份塑造的稳定性恰恰是平台在实践中固化了男性凝视，默许了女性符号化的建构逻辑。用户身份建构的过程，没有脱离日常生活而进入理想身份的打造，女性身份的媒介化没有降低性别不平等的可能，反而提出了更尖锐的问题：媒介平台中身份建构偏向的商业化成功与日常生活中对身份地位的讨论，哪一个更需要被关注？在暗示与凝视共同作用之下，性别身份是否处于更大的固化危机之中，而非期待中的共识调试？平台在其中扮演的隐形决策角色有被忽略的危机。

前文论述过平台与用户的彼此调试和适应，可以明确的是在商业利益的驱动下，平台很难放弃对用户的吸引和沉淀，而性暗示以及潜在的亲密关系建立，在合理窥视的逻辑下，在短视频平台具有如此号召力并不意外。遗憾的是，日常生活中性别身份令人不安的不平等与局限性在平台影响力的加持下形成了商业逻辑自洽的例证，并在合理化娱乐的遮蔽下，为日常生活的性别身份讨论增加了更多的反例。媒介不能也不应该被指认解决日常生活的所有问题，这不是日常生活的运行机制，也不是媒介平台的义务，当媒介生活渐进地改造日常生活，日常生活不得不认真考虑媒介逻辑与媒介生活时，需要警惕用户扁平的、施魅的、娱乐化的身份建构影响的不仅仅是线上生活，日常生活身份的价值如果由平台中的媒介身份衡定，那么就无法仅将其视作娱乐或虚拟的线上数字生活。线上身份已然是日常生活身份内涵的一部分。用户的身份，至少一部分，是媒介化的：由媒介生活定义，受媒介平台影响。用户的主动性和创造性有被媒介平台逻辑遮蔽的可能，日常生活渐趋媒介化的现实语境下，用户的短视频平台身份建构还将带来更多值得关注的现象与值得深思的问题。

其次，短视频平台正在营造一种新型的人际关系，即数据作为一种潜在商品所带来的新型的人际关系。我们所说的"数据关系"不是指数据之间的关系，而是指它使人类生活成为一种投入或资源。在这个关系中，日常生活不是一个时空位置，而是一个增强的现实。在这个现实中，我们在连续的数据提取条件下进行社会互动。帮助我们维持社会联系的联想、规范、代码和意义，以及我们面对社会世界的主体空间都被悄然改写。在用户身份商品化影响下，社会交往日益嵌入经济关系之中，短视频以前所未有的规模扩大了这种商品化。互联网企业部署数字连接基础设施，以实现社交互动的货币化，而用户则沦为被驱使着使用这些基础设施来生产社会生活的主体。正如所有的经济关系都是通过货币这一媒介转化为市场关系一样，短视频平台中的社会关系也越来越多地通过数据这一媒介转化为潜在的市场关系。在马克思（2004：124）主义理论中，"生产方式"是用来区分一个特定历史社会的经济组织方式的概念。每一种生产方式都代表了一种特定工具、知识和社会结构的独特设计。因为交换的往往是用户主体自身生活，所以经营身份数据构成了用户在短视频平台的"生产方式"。从马克思主义的角度来看，互联网用户不能说是工人阶级的一部分，我们也不能笼统地概括存在传统意义上被剥削的情境。实际上，媒体用户不是为商业媒体公司工作，而是作为观众，他们变成了一种"出售"给广告商的商品；作为内容生产者，他们"租借"媒介平台的摊位开展销售、经营活动；作为消费者，他们成为销售渠道竞争中的筹码，而自己却很难平等地参与平台商业利益分享。是否需要，以及怎样才能反击这种对我们日常生活的入侵？这将会是数字原生代需要直面的问题：是否接受身份自主性被剥夺的初始设定。

6.1.2　数据驱动下的媒介逻辑

用户对某一项技术的依赖度越高，该技术就更加深度地融入用户的日常生活、主体性和具身化，用户就越能感受到与技术的情感联系，越有可能产生与技术间的暧昧情境。数字技术已经生产出一种新型知识经济，在这种经济中，平台用户身份被数据解构，用户通过与数字技术进行互动，被构建为动态的数据（数字）集合。数据化也成为衡量短视频平台身份建构多重维度的基础，尤其是商品化成功的基础。数据挤压了人际交往中主观评价和感受的既有空间，用客观、直观的数字重新调整用户对身份、互动的认知。短视频平台的用户影响力量化促成了新的商业模式的确立，也促使传统娱乐业做出改变，让渡权力给平台以及平台用户。数据决定了平台以及平台用户权力分配的方式。影响力以及与之关联的商业价值成为衡量权力的重要依据。换言之，数据的优势意味着媒介权力的优势，身份的商品化影响力和价值也与此相关联。与平台的数据优势分配规则更大程度上地贴近，无疑将为提高用户身份的商品化收益提供更多可能性。媒介逻辑的渗透力和影响力也由此彰显。

回答研究初始的第二个问题：**短视频平台的媒介逻辑是什么？**

Hjarvard（2008）认为，媒介逻辑是指"媒体的体制和技术运作方式，包括媒体在正式和非正式规则的帮助下分发物质和象征性资源以及运作的方式"。这一解释在学界具有广泛的影响力。

以是观之，短视频平台的媒介逻辑是建立在算法、搜索和数据库基础上，将平台用户及其活动数据化并将数据兑现为商业价值的规律。即，"数据商业主义"。数据已成为媒介平台活动的基本刺激。

可视的数据直观地量化了用户身份的差异性，数据对日常生活的解构、再结构不仅局限于社交媒体或者短视频平台。用户在短视频平台的身份建构活动的数据逻辑，不仅是过程和手段，更是目的。与日常生活不同的是，日常生活可以调控数据化程度，或者选择性地回避数据，摆脱量化带来的影响。社交媒体时代，既往的社交媒体形态中，社交互动设计与数据相关联，而且也开展广告营销活动，但日常生活中的知名度、公信力、影响力依然对用户身份的商业价值起着决定作用。文字博客、图文微博时代，日常生活中的名人效应依然有效，在线媒介身份的商业模式尚未影响到每一个用户，日常生活逻辑尚未被大范围改写。短视频社交媒体时代，特别是以2013年短视频平台直播兴起为标志，社交媒体用户被数据流量深刻影响，数据流量成为衡量自身身份建构策略的重要依据，也成为权衡不同平台收益进行媒介迁徙活动的依据。短视频平台没有将每位用户塑造成可出租的广告位，但这种可能性的预期超越了既往的社交媒体——同样可以数据化的方式证明。当被数据化的用户因数据影响了日常生活的财富累积后，围绕数据的拜物教情绪渐渐成为用户行为逻辑的支点之一。短视频社交媒体平台是媒体的未来形态吗？也许尚未可知，但用户的媒介身份与商业推广和消费说服深度嵌套在数据化的基础上，已经难以剥离。不仅仅是内容生产者，订阅者、围观者也都在关注对象的后台以数据化方式被分析、解读，从而帮助用户、平台、广告主更高效地进行身份建构与内容生产，实现身份变现。

当代数据提取的可能性源于计算机之间的连接。对人和事物"连接"的需求是商业互联网企业的共同点。腾讯公司首席执行官马化腾在 2017 年的公开陈述中，对社会所面临的广泛风险认知清晰："随着整个实体经济和社会的全面数字化，我们不仅需要通过更多的联系减少'信息孤岛'，也需要通过更好的联系实现沟通与协作的持续优化。"（腾讯研究院，2017）换言之，依托数据的联系能使社会和经济以前所未有的程度融合和序列化。

数据交易导致的用户身份商品化只是更宏大深远变化的一部分，即人作为可开发的资源的社会实践。这影响了众多商业模式，而不仅仅是短视频平台。人们很容易把这视作商业运作模式的简单转变，而忘记了代价是对用户身份自控、自洽规则的入侵。正如前文所述，到目前为止，平台对用户身份（数据）的商品化处置打破了身份建构的空间，并决定性地改变了人类与外部基础设施的关系，也可能永久地抹去了自我与周围经济力量环境之间的界限。平台与用户在技术屏障形成的"单向透视镜"两侧，用户借由技术中介映射出的自我呈现在平台视向中是毫无秘密的表演。

使用数据分析是整个短视频社交媒体商业模式的核心。Davenport（2013）将数据分析的发展分为三个阶段：早期的分析本质上是"描述性的"，收集公司内部数据进行离散分析，而自 2005 年以来，通过"预测性分析"，从大型非结构化和日益多样化的数据集中提取价值的能力出现了。今天的"分析 3.0"使用更高算力的处理能力从大量的数据集组合中提取价值，从而产生了"将分析嵌入到每一个流程和用户行为中"的"指定性分析"。一旦将整个互联网世界视为一个可以而且必须被全面跟踪和利用以确保更多利润的领域，那么所有构成生产过程基础的生命过程（思考、行动、消费）也将被完全控制。这一原则因技术的联系而成为可能，它是推动人类生活在 21 世纪媒介化的引擎，它产生的作用力远不限于社交媒体平台或者短视频平台。

社交媒体身份的建构是为了交往互动——如同这一媒介的命名方式一样，还是获得商业盈利——如同短视频平台正在发生的一样？二者不是二元论般的互斥选项，但当回望日常生活深度媒介化的路径时，不难得出结论，短视频平台中的用户身份建构渐趋职业化，用户的媒介活动成为身份生产、经营、销售的流水线，如同日常生活工作一样，即使工作的内容是交往互动，也无法否认工作本身的经济价值，否则就是本末倒置的错误。可以说日常生活丰富了社交媒体互动交往的内涵与定位，也可以说社交媒体平台逻辑重新定义了日常生活中的职业与工作。日常生活逻辑与数据商业逻辑的互构，共同影响了今日短视频平台用户的身份建构。拍段子、立人设、蹭流量、开直播、打 PK、带节奏、对剧本……可盈利的路径及预期将日常生活纳入媒介平台的逻辑中。日常生活的丰富性和不确定性为媒介平台提供了不断更新的内容素材，平台选择性地将其聚焦、放大、强化，示范效应促使用户的日常生活偏移，用户在日常现实与线上生活中穿行，边界渐趋模糊，甚至日常生活与媒介生活重叠，用户的媒介身份与日常生活身份在时空维度中重合。

无论褒贬如何，从一个"自然相连"的世界中提取数据已经成为社交媒体，特别是短视频平台商业品牌的基础：即通过"连接"创造的数据收集来增强经济增长的可能性。与此同时，数以亿计的人的现有社会关系（包括劳动关系）越来越被数据化——也就是说，通过数据来管理。对许多人来说，工作越来越多地发生在 Davenport（2013）想象的那种传感器企业环境中，身份与关系正变得越来越具有榨取性，无论其背后的算法程序是什么。事实上，商业主义将自己理解为一种理性秩序的标准方式，有效地掩盖了正在进行的大规模的挪用。今天的数据挪用在日常生活中根本不被视为挪用，而是日常商业实践的一部分。至此，数据（主导的）商业主义已成型。

数据商业主义代表了一种转变，最终将导致一种新的生产模式。换句话说，我们正处于商业化生产过程及其相关因素急剧扩张的风口浪尖，随着时间的推移，这种扩张将导致社会关系的彻底重组和经济资源流转方式的转变。尽管现在描述这种新生产方式的轮廓以及预测它将如何精准地塑造社会还为时过早，但已经很明显的是，这种转变远不是被广泛、深入讨论过的数字劳动力这一视角所能概括的，数据商业主义重新组织了用户生活的各个方面（从经济和政治到心理和精神），使用户的存在皆可以为平台所用。平台不断地寻求将尽可能多的生活层面整合到生产过程中，目前令人担忧的是，以往与平台商业活动隔离的社会领域正在以怎样的速度商品化，用户身份不会是这一进程的终点，但的确是不可忽视的重要的奇点。

短视频社交媒体商业平台并未以野蛮的方式将用户身份资源化、物料化，而是通过将这一过程转变为用户自觉从而使其正常化。对用户身份商业化的担忧让我们意识到，在短视频社交媒体占据优势的时代，一场新的竞赛正在通过这种新型的商业占有来积累财富。通过这样的模式，社会实践被牵连到新的生产方式中，转化为不断变化的商业生产周期中的要素。换句话说，挪用和榨取，把生活尤其是用户的生活，变成了商业资本的利润中心，让个人数据可以免费使用，让用户身份呈现为一种平台自然资源、一种随时可以提取的资源。这就是短视频平台媒介逻辑发挥作用的地方：强化了占有资源一方可以消耗资源的丛林逻辑——通过算法、搜索引擎、数据库制定生存规则，使用户做好了身份被消耗（费）的合理化准备。

用户身份及相关数据将成为平台社会的宝贵资源，并将作为一种涉及社会生活方方面面的新资产类别出现，数据将是这场媒介生产中的自然资源；数据是创新的燃料，为媒介经济提供动力和活力；数据是由数字技术中介的社会互动的副产品，是由第三方（短视频平台）保管和处理的副产品，这些第三方与参与互动的人没有天然密切的关系，但创立了一种新兴的秩序、一种新的社会关系结构。根据劳动关系的传统动态，用户工作和出售他们的劳动（马克思，2004：54），但现在他们以其他方式与商业活动牵连，甚至不需要他们为任何人工作，他们只是（参与社会）生活，就在为媒介平台创造商业价值。

6.1.3　技术沟的显现

短视频社交媒体平台与文字形式的社交媒体平台相比较，被普遍认为极大地降低了用户的接入门槛，减少了文化知识水平差异导致的知识沟现象。移动电话、高清摄像头以及高速移动互联网的普及在硬件层面为用户在短视频平台建构身份提供了完备的条件，自制视听节目成为短视频平台用户的普遍技能。但对于短视频平台用户而言，无论是社交竞争还是商业竞争，差异性的鸿沟仍旧存在，并且或许会一直存在。媒介化的日常生活软硬件如何共同构成用户身份？拥有更清晰的像素、更好的拾音设备、更合理美化的灯光、更有身份阶层指标性的软件等都是身份商品化的考量要素。短视频平台间的竞争中，也形成了各自的审美趣味、消费习惯、城乡身份等一系列差异特征。这些具有平台品牌调性的特征反映出平台用户的身份建构差异及社群特质，而这与隐形的身份建构成本相关。成本反映在技术条件的完备和对视听内容产品的设计制作上。借鉴 Tichenor 等（1970）在《大众传播流动和知识差别的增长》一文提出的"知识沟"概念，可以将移动互联网时代，用户在媒介技术条件上面临的差异理解为"技术沟"。

与文字或者图文社交媒体平台不同，短视频社交媒体平台有更明晰的用户账号运营成本，这一成本涵盖显性的设备、人员成本、流量成本以及隐形的沉没成本（时间和情感）。准入成本的降低不能够确保竞争的优势，用户要在分工日渐明确的短视频内容生产中保持各工种的竞争力，不得不加大成本投入。策划、撰稿、剪辑、摄像、后期包装、运营等环节的进一步完善使得用户身份建构从日常生活偏向了具有日常生活色彩的职业工作。身份间的竞争也不可避免地如其他日常生活工作一样，技术与知识的差别影响了工作的完成度与竞争力。就短视频视听内容及直播制作而言，依然存在技术的壁垒。用户的身份建构不是简单的呈现，而是一个再现甚至重现的过程，这一过程需要技术和智力的支撑。用户身份建构的媒介化过程中，身份的竞争力分化，用户在媒介平台的圈层逐渐形成。当无力投入更多成本，或者持续性的成本投入难以继续身份的再生产，用户的身份建构即走向边缘化或者终止。这不是一场平等的选拔。平台对用户成本的投入是持续性的索取，超长的在线时间、高制播标准的直播间、精致的视听语言、富有吸引力的身体呈现，在貌似公平的竞争原则和不切实际的鼓励暗示之下，并不是所有用户都处在同一起点上。技术沟仍旧影响着用户的身份建构进程能够在多大程度上跟上平台技术的迭代升级。日常生活中的身份展演也需要成本投入，但并非由商业化的平台定义和主导。如同通关游戏般的身份建构过程，用户不得不面对氪金方能填平的技术沟。这一技术沟不仅存在于竞争的用户之间，也横亘在平台与用户之间。

与经济利益的考量不谋而合，短视频平台的焦点用户总在适时地变换调整，算法黑箱的解读是用户在短视频社交世界的穿梭密码，却苦于无法窥得全貌。平台在更迭的头部账号之间，型塑和引导用户关注、从事特定类型的内容生产，当用户迫近技术沟时，平台的热点和流量又会发生偏移。如此往复，用户会获得阶段性的指引，但无法停止追逐。用户与平台之间的互惠关系中，隐含着难以消弭的技术鸿沟，鸿沟的两边是对流量的调控与渴望。用户行为会影响平台的生态环境，也会促使平台完善技术体系与细节，但在表面的博弈平衡中，用户无法摆脱自行试错和被引导的被动地位。

数据是一种无形资产，像其他与信息相关的商品一样，它们可以以几乎为零的边际成本被复制和转移。在实物所有权的概念中，所有者通常拥有对商品的专有权和控制权，包括放弃商品的自由。相对于实物所有权的概念，重要的问题不是谁拥有这些数据，一个更值得引起重视的问题是——谁掌握数据分析方法？技术鸿沟不仅仅是谁拥有数据的问题，更是谁能利用这些数据的问题。

6.1.4　社会的空心化

随着社会领域被数据关系所占据，社会世界作为关键客体的位置被掏空了。社会关系不再是嵌入经济体系中而是成为经济体系，或者至少是经济体系的一个关键部分，因为通过数据，人有可能被转化为商业生产活动的原材料。

身份的商业化价值取决于所生成数据的全面性。我们今天面对的新事物不是对社会的量化或测量习惯，而是数据化的社会生活如何对社会参与者负责。量化部门由商业媒介平台所有，在其生产过程中通常是不透明的（黑箱），不开放给公众讨论，在向法律法规负责之前，首先完全面向商业模式负责。它塑造的用户日常行为与早期的社会生活不同。今天的社会量化形式呈现给大众的是与数字时代之前的数据收集截然不同的面貌。对于与之互动的用户主体来说，量化部门的行为是非常复杂的、大规模的、高覆盖的且不断更新的，而且，几乎完全不透明。量化部门的存在并不是为了让社会总体上更容易理解，而是为了让企业能够获得产生经济价值的特定形式的数据。短视频平台巨头则可以利用这些特权收集和处理个人数据，并将其转化为有针对性的营销对象、渠道。这一切都将在我们还没有反应过来之前发生。而作为个体的用户目前几乎或根本没有可能对量化部门产生作用。这与我们过去所知道的社会生活截然不同。至少在大数据时代之前，社会生活的显著特征是其具有互动性——人们可以通过互动和协商来运作社会生活。而目前的现实是，旨在以个人的"可测量的数据"为目标，而不是坦率地解释由众多人类主体共同生活和反映的社会世界。用户很少有机会对强加给他们的选择进行选择。我们正逐渐习惯成为搜索、算法、数据库所需要的选择性描述的展演者，我们把计算机处理跟踪我们的活动所产生的大部分数据当作默认设置来接受。新的数据化的世界充满了代理的可能性。甚至可以说，与社会参与者可以看到的那个世界不同，商业媒介已经建构了一个社会世界，数据的聚集是商业优势的基础，而短视频平台提供了完美的掩护，将用户身份、活动流转为商业的原材料。一言以蔽之，短视频社交媒体平台的运行使用户身份的商品化前路变得没有限制。

在数据商业主义导致的空心社会中，数据实践通过服从公开日常生活的需求，将自我的生活领域改造成数据抽取的网格。作为一个连续可追踪的身份，它的空间不断受到外界力量的入侵和提取。哲学家 Floridi（2013：45）更进一步地，从信息的角度重新命名了自我的本质，称为"信息化"的混合生物。在数据处理蓬勃发展的趋势下，一个关于自我的新概念正在悄然成形，即自我被迫用另一种语言描述自己。

人们如何被监视和评估的后果也取决于用户在多大程度上保留了自由裁量权。因此，以短视频为代表的商业媒介平台对用户身份完整性构成的威胁是影响每个用户的普遍问题。机构和平台获得了以新的方式歧视和支配他人的手段。当外部权力使用数据损害一个人的利益时，就会对当事人及其控制行为的能力造成明显的潜在伤害。首先，数据的不当使用有直接的危害。互联网公司为了自己的利益而使用它收集或购买的个人数据造成的问题屡见不鲜。其次，数据收集在更深层次上对身份的自治构成了威胁，不是因为它的实际用途的不当性，而是因为有害使用的可能性扭曲了个人生活和行动的空间。这就是"寒蝉效应"。最后，当我们使用社交媒体时，分享作为一种隐喻，最引人注目的是它所具有的可扩展性：从思想到图片，从感情到生活的一切。具象地分享我们的生活已经暗示了一种更广泛、更开放的价值，共享产生的数据构成了 Web 3.0 业务的硬通货。

随着身份的商业化和生活的数据化，"认识你自己"也从哲学原则向利益原则转变。用户自主的机会在向媒介逻辑靠拢的过程中日渐消弭，而服从外部数据系统的确定性在逐渐增强，与媒介平台连接从而创造更多价值的预期促成了这一趋势。平台的媒介功能需要将其数据设备永久地集成到社交空间中，应用程序是商业媒体平台进一步扩展这一逻辑的关键手段。或许直到数据化逻辑扩张加速的现在，用户还以为平台中的自己是真实的、唯一的，就像短视频平台（社交媒体）没有出现之前一样。

6.2　重识媒介化

　　不同于已有的媒介化进程的解释，我们尝试回应媒介化研究中始终闪烁其词、选择性回避的时效性问题。如果将研究的目光拉远，回溯到媒介在社会生活中的相对稳定的功能（价值）属性，将有助于我们重新理解媒介化，并帮助媒介化理论在不同政体、不同历史进程、不同媒介形态的时空跃迁中依旧保持阐释框架的能力和期待。

　　从历时性时间域出发，在媒介漫长的发展史中，媒介——无论内涵、外延如何界定，也与其独立性无关——提供连接的确定性，并通过连接创造价值（如政治的、经济的、文化的、法律的、道德的）的逻辑持续存在且相对稳定，并且依然可以解释当下的互联网媒体实践。跨时代、跨社会制度、跨技术基础的媒介所呈现出的媒介逻辑差异性，是在"连接—价值"的共有逻辑基础上，媒介内部资源调配与运行方式的具体实践（Hjarvard，2008），对共有基础逻辑的具象化呈现影响了各媒介形态的差异性与竞争力。社会各领域的媒介化进程是与"连接—价值"逻辑的"握手"，而非简单服膺于不断更换的媒介逻辑的流行概念。不是所有的社会领域都有通过扩张连接谋求更大价值的内在动因，这也可以解释为什么某些领域迟迟未见"媒介化"趋向。需要借助媒介实现"连接—价值"的各个社会领域，在与媒介的互构过程中，产生了适应性形变。对媒介的差异性适应便是媒介化的表征，适应程度造成截然不同的媒介化结果：长久的、断续的，或是成功的、失败的。

　　回答研究问题中的第三个疑问：**媒介化进程的驱动力是什么？**

　　作为趋向性的判断，媒介化的语义中包含过程和程度的双重隐喻，既存在实现媒介化的结果，也应存在媒介化未完成的情况。当其他社会领域或者活动无法从扩大连接中获得利益价值（无论是政治的、经济的、文化的），这一领域或者活动的媒介化便会走向停滞或者消散。媒介化不是单纯由媒介内部自我驱动的,而是来自对"连接—价值"报有预期并获得持续回报的社会力量的推动。因此,需要尽早地走出沾沾自喜的媒介化理论优越感,否则永远无法解释为何将媒介化称为社会无法脱离的元过程(Krotz,2012:38),而这一元过程又毫无规律地"失灵"。回顾前文对媒介化理论的梳理,结合实证研究的推论,我们将尝试对媒介化理论中存在的两个核心问题给予回应。

6.2.1 媒介逻辑的共谋设定

如前所述,在晚近二十年间,多位学者分别就媒介化的概念进行了阐释和说明。而维系媒介化作为理论框架运转的核心概念——媒介逻辑一直处在讨论商榷的焦点位置。

Hjarvard(2008)认为,社会的媒介化是指社会对媒介及其逻辑依赖性增强的过程。而媒体逻辑是指"媒体的体制和技术运作方式,包括媒体在正式和非正式规则的帮助下分发物质和象征性资源以及运作的方式"。从 Hjarvard(2008:113)关于"媒体逻辑"支配地位的自信主张,到 Krotz(2009:26)认为媒体逻辑的概念是"误导性的",再到 Lundby(2009:116)认为"通过一般的媒体逻辑来理解媒体是不可能的",因为"人们必须考虑到数字媒体的特殊性"。研究者们沉浸在媒体内部具象、验证媒介逻辑,却忽略了媒介逻辑无法凭空出现,即便 Hepp(2009:140)认为"媒介逻辑"的问题在于它采用了一种"线性观点",但遗憾的是,研究者们也并没有找到更"复杂的方法"来理解媒体的转变。正因如此,媒介化理论才会被指摘在关键概念上飘忽不定。

Hjarvard 认为社会的媒介化是一个双重过程,在这个过程中,社会越来越多地服从于媒体及其逻辑,或者变得依赖于它们(Hjarvard,2008:113)。但当我们从整个人类历史跨度的背景下考虑,而不是仅仅在过去几十年中考虑,便会产生疑问:媒介逻辑是由媒介独自确立并推广至其他社会领域的吗?特别是媒介还未发展到如学者所说独立或者半独立机构阶段的时间里，媒介逻辑为何没有显现出如今日这般对社会变革巨大的影响力？

共谋设定或许是对媒介逻辑概念的必要解释和修补。

首先，如前文所述，媒介提供连接的确定性，并通过连接创造价值的逻辑持续存在且相对稳定，这一逻辑在不同时代、不同媒介形态中或被封装，或被凸显，导致了不尽相同的媒介化走势与格局。媒介化理论脱胎于大众传媒占据绝对优势的时代，存在着将大众传媒的媒介逻辑指代媒介逻辑的不假思索，而实际上大众媒介的制度、资源调配原则不过是在"连接—价值"逻辑下的具体表征。在不同媒介形态中，具体的媒介逻辑并不相同，而且具体的媒介逻辑也是媒介与社会文化、制度协商的结果，以此保证各方利益诉求，这也是媒介化能够持续下去的原因。

借鉴 Mazzoleni 和 Schulz（1999）在分析政治媒介化时的想法，我们可以为媒介逻辑举棋不定的解释加上注脚："媒介化最突出的标志是通过媒介扩张（进步）来消除政治边界，媒介扩张（进步）是由技术创新以及媒介、经济和组织在媒介部门的发展所规定的。"这里对媒介扩张的分析可以启发我们对媒介逻辑共谋的思考，即媒介逻辑（Altheide，2013）的形成和外化是在技术、经济、（政治）组织方式共同影响下完成的。在本书的实证研究中，也证实了算法、数据库作为基础架构对媒介平台逻辑的深刻影响，商业资本的介入将用户身份与社会交往，甚至是日常生活纳入商品化的轨道。在共谋的解释中，围绕技术决定论的狭义曲解也可以寻找到澄清的答案。

其次，数字媒体时代区别于大众媒体时代的另一个显著特征是，媒介环境的复杂化伴随着复媒体的出现，目前的媒介逻辑对此陷入了"无枝可栖"的境地。例如，报纸和微博同在的时代，媒介逻辑指的是哪个媒介的逻辑？微信和抖音竞争的格局中，彼此的媒介逻辑是相同的吗？导航系统和健身 App 的媒介逻辑相似吗？因此，"共谋"的语义中还包含对于共在的多种媒介形式下，媒介逻辑的合理解释。即，媒介形态之间的具体媒介逻辑存在彼此影响、互相扩散渗透的情况。因为竞争的关系，媒介逻辑存在调整、强化、改写、消失、合并的必然。从短视频平台主导的算法分发到搜索引擎主导的搜索逻辑再到基于地理位置信息社交的微信摇一摇，直到最近迅速崛起的 ChatGPT……媒介平台间的模仿跟进的合力，形成了一定时间界定范围内的整个媒介环境的基础逻辑。

最后，除了宏观、中观层面，在微观视阈内，某一媒介平台的媒介逻辑也处在共谋的变化之中。近年来围绕私域流量、公域流量、兴趣电商、货架电商的迭代变幻，各家媒介平台呈现出了媒介逻辑不断调试的局面，也直接影响了每一轮次的媒介依赖以及媒介迁徙。从媒介竞争的现实出发，围绕社会效益与经济效益的诉求，媒介逻辑始终处在调试、迭代的进程中，甄别共性基础与个性化差异对于厘清媒介逻辑的影响力与作用机制既是学理性的，也是实践性的必然。

因此，我们可以预见的是，在共谋的媒介逻辑——无论是媒介内部还是外部——影响下，社会正在经历的是一个多重媒介化的过程。既有的媒介化理论面对数字媒介现实间或失灵的原因也与之关联。

6.2.2　媒介化进程的不确定性

媒介化理论假定了一种社会和文化变革，将这一进程中的主要作用归因于媒介，Livingstone（2009）将媒介化描述为"媒介技术和媒介组织日益塑造日常实践和社会关系的元过程"。而 Krotz（2008）则将媒介化总结为塑造现代性的过程之一。学者们曾寄希望于媒介化与全球化等概念一起对人类社会进行合理解释。但如同全球化概念所遭遇的问题一样，媒介化也面临延续性的问题。

Krotz 认为"媒介化"这个术语强调了社会作为媒介社会的地位及其后果，而"媒介化"是一个不断变化的过程。现在的研究不仅集中在媒介系统的变化上，还集中在传播的变化及其相关的问题上——微观层面的变化：人们、他们的日常生活和他们的社会关系；中观层面上的变革：政党、企业、组织和制度；宏观层面上的改变：政治、经济和文化（Krotz，

2012：34 – 35，37）。因此，如果我们像 Krotz 所说的那样，从广义上考虑媒介化，那么它似乎是一个改变媒介的长期元过程，这一过程在不同的时代、不同的文化和历史时期有不同的进展（Krotz，2012：38）。在对媒介化的理解中，Hepp 借鉴了 Krotz 的思想，Hepp 指出 Krotz 思考的基础是由狭义和广义的媒体概念所形成的（Hepp，2014）。它是狭义的，因为它指的是仅限于传播手段——即传播的技术工具，包括所有相关形式的制度化和象征性做法。同时，这一概念又是宽泛的，因为技术通信手段可能相当多样（电视、互联网或机器人）。因此，媒介在媒介化意义上可以被定义为一种结构和一种情境（Hjarvard，2008）。问题在于，这样的结构或者情境是否为社会发展的必然选项之一？媒介化进程是否会成为无法回避的进程，并且一直持续下去？

答案是，并不确定。

前文提到了媒介的底层逻辑"连接—价值"。在移动互联网时代，连接被认为是默认的选项，如同所有已知的自然规律，理解和思考是建立在不证自明的基础上的。但回到"连接—价值"语义中来，连接并不是价值产生的充分必要条件，如果价值不需要通过连接获得，又或者连接的价值增值有限，扩大连接也无济于事，那么媒介作为影响和改写社会领域、组织、活动的存在，也就失去了媒介化理论中所宣扬的影响力。或许那时会诞生新的"某某化"以解释正在发生的变化。Lundby 曾经提请注意人类的交往历史是从直接的相互交流逐渐向以媒介为中介的交流转移。随着这种转移，现实交际结构的过程也发生了变化（Lundby，2009：4）。Krota 和 Hepp 却认为媒介化不仅仅是一个中介的传播过程，它的过程是在进一步变化的层面上考虑的，这些变化可能伴随着通过媒介传播的多重中介（Krota & Hepp，2012）。这种多重中介将导致媒介化进程的不可预测，比如作为整体的媒介化进程的停止或者倒退。如果不可能实证研究整个社会的媒介化，人们可以专注于研究私人生活中的媒介世界——也就是说，考察各种媒介如何影响了他们的交际结构（Hepp，2013：188）。即便我们不将其视为对问题的暂时搁置，也会对个人或者组织拒绝、消解媒介化的可能性产生兴趣，并对未来媒介化研究中可能出现的回应充满期待。

　　那么，我们是从媒介中心论的极端走向了单一工具论的极端吗？答案是否定的，无论是独立/半独立还是公共/商业的机构，媒介本身也有扩大自身影响力的内在驱动力。和社会其他领域的"握手"，举例来说，如果降低或者损毁了媒介作为"连接—价值"的预期、公信力，媒介化进程同样无法继续。这也方便我们理解除法律法规外，为何作为统一体的媒介平台始终强调公序良俗和公信力。这是媒介化进程另一种不确定的表现。

　　至此，我们以一张图示（图6-1）重新认识和解释媒介化过程：

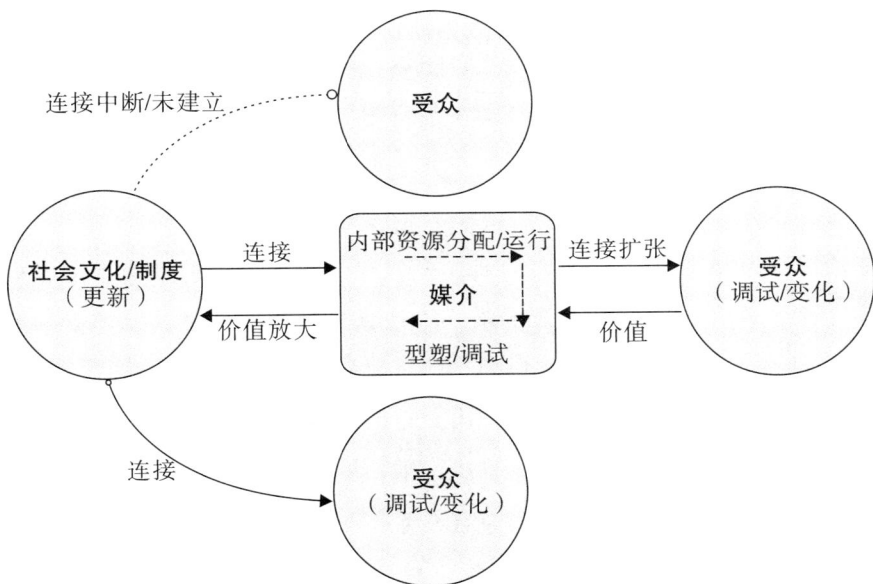

图6-1　媒介化路线图

　　首先，需要明确媒介"连接—价值"的底层逻辑，在媒介内部和外部的共同作用下形成具象的媒介逻辑表征并与社会文化、制度发生作用，具体的媒介逻辑调试是多方共谋的结果，其目的仍是扩大与受众连接并从中放大价值。

　　其次，经过媒介内部资源的分配运行，社会文化、制度也发生型塑和形变以更适应媒介传播，回馈过程也促成其自身不断更新、发展。同时，处在连接模式中的受众亦会产生调试变化，无论是否通过媒介的中介作用。

最后，当与受众连接中断或者尚未建立连接，抑或是连接并未实现价值的放大，那么我们可以判定社会文化、制度的媒介化过程未建立或未完成。

正如全球化的概念暗示了一个正在演进中的整体过程，但不要求这些进程在特定的社会和文化背景下产生共同或特定的结果，媒介化意味着媒介在现代社会中的重要性增加，在某些情况下甚至占主导地位，但这种重要性和主导地位如何在不同社会领域的混浊现实中表现出来，有待于更长期、更多元的实证分析来研究。

综上所述，我们或可以重新认识媒介化进程，即社会的媒介化是指社会依托媒介的连接扩张实现价值放大的过程，媒介逻辑处在多方共谋的调试中，但皆以适应"连接—价值"逻辑为前提。当"连接—价值"模式中断或者未能建立，媒介化进程便无法开始或持续。

短视频平台所创造的惊人的商业成就和带来的深刻的社会生活影响，似乎证明了利用新的社会资源的唯一方法是屈从于基于算法、搜索引擎、数据库的媒介平台的控制；用户的身份自主性和复杂性的消解风险是用户获取连接所必须付出的隐形代价；用户身份的商品化，无论是否成功获得回报，是准入条件般的社交媒体生活规则。但这并不意味着我们必须接受与媒介定义的数据关系不可分割地联系在一起的形式。如果我们否认了日常生活、（自我）身份丰富的多样性，并且为了商业利润而被订购、定制，那么，连接将失去能动的语义，无论我们为之付出了多少代价，得到了多少补偿。我们也寄望于用户与平台的共存中能够存在博弈的机会与可能，而非被动地卷入媒介增值的旋涡之中。

从积极的层面来说，我们"沉迷"于社交媒体平台的重要原因是，它回应了人们在大众媒体时代为摆脱个人孤立而追求连接的渴望。直到我们越来越清楚地认识到，"看见每一种生活"现在有消失的危险，我们需要找到一种方法来瓦解数据商业主义与身份商品化带来的自主性和多样性消失的风险。媒介化理论视阈下，媒介作为有机的复合中介摆脱了单纯的工具属性，但从辩证的视角来看，媒介在数据商业主义路线图中仍是驱使用户身份商品化的张力，虽然这并不影响作为解释框架的媒介化的地位，何况相较于需要警惕的对用户自主性的侵袭，依附于企业的媒介，其自身的主体性更值得谨慎确认。思辨商品化的身份在解释媒介化社会中的作用，意味着我们对世界的感知需要从将其等同于大数据（关系）集合这一狭隘的理解中解放出来。

附 录

与短视频平台非职业用户的访谈问题设置

1. 您关注哪些类型的账号/主播？

2. 您怎样看待主播的"人设"？

3. 如果主播的"人设"进行调整，您还会持续关注吗？还是转去其他相近"人设"的主播？

4. 您是否会给主播打赏？额度和频次是多少？哪种情形下会增加打赏？

5. 您是否寻求过与主播的线下接触或者跨平台接触？

6. 您在直播间下单的频次如何？下单的主要原因是什么？

7. 您认为主播带货是必然的吗？您如何看待这一现象？

8. 您如何看待植入的带货内容与账号日常内容的关系？会选择性回避吗？

9. 您对同一类型的主播"人设"如何区分？有哪些侧重点？

10. 关于平台对主播话语、表演、内容的监管，您有何评价？

11. 您会参加哪些主播组织的活动（PK、比赛）？

12. 您对直播间榜一/核心粉丝有何看法？

与短视频平台（准）职业用户的访谈问题设置 A

1. 怎样确立主播"人设"？考虑要素有哪些？流程是怎样的？

2. "人设"的调试、试错时长是如何界定的？

3. 主播的薪资待遇构成情况是怎样的？

4. 主播是怎样开展职业流动的？跳槽/解约的成本多大？流程是怎样的？

5. "人设"的竞品分析和差异化道路如何研判？

6. "人设"的变换成本如何？流量有效期会持续多久？

7. 如何调控主播与粉丝的下播接触和交流？具体执行情况如何？

8. 主播的跨平台运营情况如何？如何评估和怎样应对平台的差异化？

9. 策划带货或广告的工作流程有哪些？收益核算方式是怎样的？

10. "人设"与主播个人特质区分度是否会彼此影响？

与短视频平台（准）职业用户的访谈问题设置 B

1. 账号的变现方式有哪些？收益率如何？

2. 流量买卖的方式有哪些？实际效果如何？优先级如何设置？

3. 运营工作中，对主播表现的复盘和商业价值的评估有怎样的关联考虑？

4. 内容创作的数据来源有哪些？优先级和权重如何设置？

5. 榜单对内容创作的影响如何？哪些数据具有更重要的参考价值？

6. 粉丝数量/购买力对账号的议价能力影响如何？怎样估值？

7. 怎样解读消费者画像？

8. 平台不公开算法，但您觉得平台是否有引导的倾向性？创作者和平台之间的关系如何界定？

9. 平台所扮演的角色是什么？单一的还是多重的？如果是多重的，有哪些构成要素？

10. 在近几年的经营活动中，平台是否有战略定位的转向？如果有，转向何方？

11. GPM 是主要的评估指标吗？用户（观众）的哪些行为会被抓取为有效互动？

12. 线上销售的转化率如何？传统的销售模式受到了多大程度的影响？线上和线下销售的配比是怎样的？

13. 视听作品的制作成本控制及收益率情况如何？

14. 怎样提高作品的"可见性"和"可搜索性"？

参考文献

一、中文文献

1. 中华人民共和国广告法 . https：//flk. npc. gov. cn/detail2. html？ZmY4MDgxODE3YWIyMzFlYjAxN2FiZDZiZDg2MDA1MmQ.

2. 中国互联网络信息中心，2023. 第 51 次中国互联网络发展状况统计报告 . https：//www. cnnic. net. cn/n4/2023/0303/c88 – 10757. html.

3. Quest Mobile，2023. 2022 中国移动互联网年度大报告 . https：//www. vzkoo. com/document/20230223ba7343096177940f2995dad2. html.

4. 安东尼·加卢佐，2022. 制造消费者：消费主义全球史 . 马雅，译. 广州：广东人民出版社 .

5. 鲍尔·洛基奇，郑朱泳，王斌，2004. 从"媒介系统依赖"到"传播机体"——"媒介系统依赖论"发展回顾及新概念 . 国际新闻界（2）：9 – 12.

6. 蔡润芳，2018. "积极受众"的价值生产——论传播政治经济学"受众观"与 Web2. 0"受众劳动论"之争 . 国际新闻界（3）：114 – 131.

7. 曹晋，孔宇，徐璐，2018. 互联网民族志：媒介化的日常生活研究. 新闻大学（2）：18 – 27，149.

8. 曹璞，方惠，2022. "专注的养成"：量化自我与时间的媒介化管理实践 . 国际新闻界（3）：71 – 93.

9. 曾持，2022. "媒介化愤怒"的伦理审视：以互联网中的义愤为例. 国际新闻界（3）：139 – 159.

10. 常江，何仁亿，2020. 安德烈亚斯·赫普：我们生活在"万物媒介化"的时代——媒介化理论的内涵、方法与前景. 新闻界（6）：4 – 11.

11. 陈昌凤，2022. 元宇宙：深度媒介化的实践. 现代出版（2）：19 – 30.

12. 陈秋心，胡泳，2020. 抖音观看情境下的用户自我认识研究. 新闻大学（5）：79 – 96，128.

13. 陈杏兰，2021. 传播学研究"媒介化"转向的"元"思考. 中国出版（24）：39 – 42.

14. 陈雪娇，喻国明，2021. 技术迭代视角下直播电商的发展逻辑、动力模型与操作要点. 新闻爱好者（1）：10.

15. 戴海波，杨惠，2018. 媒介与媒介化的互动机制. 编辑之友（3）：50 – 55.

16. 戴慧思，卢汉龙，2001. 消费文化与消费革命. 社会学研究（5）：117 – 125.

17. 戴宇辰，孔舒越，2021. "媒介化移动"：手机与地铁乘客的移动节奏. 国际新闻界（3）：58 – 78.

18. 戴宇辰，2016. 走向媒介中心的社会本体论？——对欧洲"媒介化学派"的一个批判性考察. 新闻与传播研究（5）：47 – 57，127.

19. 戴宇辰，2018. 媒介化研究：一种新的传播研究范式. 安徽大学学报（哲学社会科学版）（2）：147 – 156.

20. 戴宇辰，2021. 媒介化研究的"中间道路"：物质性路径与传播型构. 南京社会科学（7）：104 – 112，121.

21. 董晨宇，丁依然，2018. 当戈夫曼遇到互联网——社交媒体中的自我呈现与表演. 新闻与写作（1）：56 – 62.

22. 董晨宇，段采薏，2018. 我该选择哪种媒介说分手　复媒体时代的媒介意识形态与媒介转换行为. 新闻与写作（5）：33 – 37.

23. 杜骏飞，2022. 数字交往论（3）：从媒介化到共同演化. 新闻界（3）：14 – 23，69.

24. 段俊吉，2022. 打造"人设"：媒介化时代的青年交往方式变革.

中国青年研究（4）：31 – 39.

25．方晓恬，窦少舸，2018．新生代农民工在网络游戏中建构的身份认同——基于对 13 位《王者荣耀》新生代农民工玩家的访谈．中国青年研究（11）：56 – 61.

26．高贵武，赵行知，2021．媒介化生存与视觉化转向——短视频与传统媒体融合发展的现实路径．新闻战线（10）：53 – 56.

27．高原，2021．"数字劳工"的呈现与建构——基于小镇青年短视频的拟剧化研究．青年记者（10）：108 – 109.

28．谷学强，2021．媒介化时代的数字人文研究：脉络谱系、理论内涵与研究范式．新闻界（1）：84 – 94.

29．郭恩强，2018．在"中介化"与"媒介化"之间：社会思想史视阈下的交往方式变革．现代传播（8）：67 – 72.

30．郭静，胡翼青，2018．媒介化企业的兴起：基于资本转换的理论视角．当代传播（5）：76 – 79.

31．郭静，2022．关键理论亦或概念潮流：媒介化理论再反思．新闻界（8）：66 – 74.

32．国秋华，彭璐瑶，2021．算法行动者对短视频平台注意力市场的建构．中国编辑（9）：23 – 27.

33．韩铭，苏士梅，2022．媒介化与主体间性：模仿实践视域下人媒关系的转向．出版广角（6）：85 – 88.

34．何洁月，马贝，2016．利用社交关系的实值条件受限玻尔兹曼机协同过滤推荐算法．计算机学报（1）：183 – 195.

35．何静，2014．具身认知研究的三种进路．华东师范大学学报（哲学社会科学版）（6）：53 – 59，150.

36．胡翼青，陈洁雯，2021．媒介化视角下的少儿游戏：基于媒介物质性的考察．南京社会科学（11）：113 – 122.

37．胡翼青，郭静，2019．自律与他律：理解媒介化社会的第三条路径．湖南师范大学社会科学学报（6）：128 – 135.

38. 胡翼青，李璟，2020. "第四堵墙"：媒介化视角下的传统媒体媒介融合进程. 新闻界（4）：57－64.

39. 胡翼青，杨馨，2017. 媒介化社会理论的缘起：传播学视野中的"第二个芝加哥学派". 新闻大学（6）：96－103，154.

40. 黄典林，马靓辉，2020. 身体问题的传播研究路径刍议. 新闻与写作（11）：12－19.

41. 简宁斯·布莱恩特，彼得·沃德勒，2022. 娱乐心理学. 晏青，赵伟，江凌，译. 北京：中国传媒大学出版社.

42. 克里斯托弗·E. 福思，艾莉森·利奇，2017. 脂肪：文化与物质性. 李黎，丁立松，译. 北京：生活·读书·新知三联书店.

43. 兰德尔·柯林斯，2012. 互动仪式链. 林聚任，王鹏，宋丽君，译. 北京：商务印书馆.

44. 李彪，2021. 亚文化与数字身份生产：快手新生代农民工群体土味文化研究. 东北师大学报（哲学社会科学版）（5）：115－120.

45. 李彬，关琼严，2012. 空间媒介化与媒介空间化——论媒介进化及其研究的空间转向. 国际新闻界（5）：38－42.

46. 李龙，支庭荣，2018. "算法反恐"：恐怖主义媒介化与人工智能应对. 现代传播（9）：13－18.

47. 刘海龙，方惠，2015.2014 年传播学十大观点. 编辑之友（2）：19－23.

48. 刘明洋，吕晓峰，2017. 媒介化社会视角下的新媒介伦理建构. 山东社会科学（8）：113－118.

49. 刘涛，2022. 以短视频为方法，理解媒介化生存. 新闻与写作（4）：1.

50. 刘燕，2009. 媒介认同：媒介主体身份阐释及其网络认同建构. 新闻记者（3）：28－31.

51. 刘泱育，2022. 从"型构"到"互型"：媒介化理论核心概念"figuration"来龙去脉. 新闻与传播研究（3）：38－53，126－127.

52. 刘永昶，2022. 生活的景观与景观的生活——论短视频时代的影像化生存. 新闻与写作（4）：24－32.

53. 陆晔，赖楚谣，2020. 短视频平台上的职业可见性：以抖音为个案. 国际新闻界（6）：23－39.

54. 栾轶玫，张杏，2021. 中国乡村女性短视频的自我呈现与话语实践. 传媒观察（7）：39－47.

55. 吕鹏，2021. 线上情感劳动与情动劳动的相遇：短视频/直播、网络主播与数字劳动. 国际新闻界（12）：53－76.

56. 马飞峰，倪勇，2017. 媒介化生存的社会学反思. 青年记者（8）：18－19.

57. 马克思，2004. 资本论：第一卷. 中共中央马克思恩格斯列宁斯大林著作编译局，译. 北京：人民出版社.

58. 米哈伊尔·巴赫金，2010. 陀思妥耶夫斯基的诗学问题. 刘虎，译. 北京：中央编译出版社.

59. 尼古拉斯·米尔佐夫，2006. 视觉文化导论. 倪伟，译. 南京：江苏人民出版社.

60. 欧文·戈夫曼，2008. 日常生活中的自我呈现. 冯钢，译. 北京：北京大学出版社.

61. 潘忠党，2014. "玩转我的 iPhone，搞掂我的世界！"——探讨新传媒技术应用中的"中介化"和"驯化". 苏州大学学报（哲学社会科学版）（4）：153－162.

62. 潘忠党，2017. 导言：媒介化时代的公共传播和传播的公共性. 新闻与传播研究（10）：29－31.

63. 彭兰，2019. 智能时代人的数字化生存——可分离的"虚拟实体""数字化元件"与不会消失的"具身性". 新闻记者（12）：4－12.

64. 彭兰，2020. 视频化生存：移动时代日常生活的媒介化. 中国编辑（4）：34－40，53.

65. 彭兰，2021. 视频会议应用与工作的"媒介化". 山西大学学报

（哲学社会科学版）（1）：64－69.

66.彭兰，2022.媒介化时空重塑的日常生活.新闻与写作（6）：1.

67.彭兰，2023.原点再思：新媒体时代的媒介及人—媒介—内容关系.当代传播（1）：12－18，25.

68.邱戈，2007.媒介身份研究的基本理论架构.浙江大学学报（人文社会科学版）（3）：191－199.

69.邱立楠，2021.短视频平台算法推荐的"异化"与"驯化".中国编辑（4）：68－72.

70.人力资源社会保障部办公厅，市场监管总局办公厅，统计局办公室，2020.人力资源社会保障部办公厅　市场监管总局办公厅　统计局办公室关于发布区块链工程技术人员等职业信息的通知.http：//www. mohrss. gov. cn/xxgk2020/fdzdgknr/rcrs＿4225/jnrc/202112/t20211227＿431394. html.

71.上海市市场监督管理局，2022.商业广告代言活动合规指引.https：//www. shanghai. gov. cn/gwk/search/content/2c9bf2f67e77050a017ed1cfde974df1.

72.邵培仁，邱戈，2006.论媒介身份研究的可能性与科学性.现代传播（3）：13－17，56.

73.施蒂格·夏瓦，2018.文化和社会的媒介化.刘君，李鑫，漆俊邑，译.上海：复旦大学出版社.

74.宋双峰，方晓恬，窦少舸，2020.从娱乐到表达——新生代农民工基于短视频媒介形象建构的身份认同.新闻春秋（4）：79－86.

75.孙玮，2018.赛博人：后人类时代的媒介融合.新闻记者（6）：4－11.

76.孙玮，2020.媒介化生存：文明转型与新型人类的诞生.探索与争鸣（6）：15－17，157.

77.童兵，2016.马克思主义新闻观与媒介化社会.当代传播（6）：4－5，14.

78. 汪雅倩，2020. "新拟态环境"：短视频博主的人格化表达及其对用户的影响研究. 中国青年研究（1）：68 – 75.

79. 王斌，2011. 从技术逻辑到实践逻辑：媒介演化的空间历程与媒介研究的空间转向. 新闻与传播研究（3）：58 – 67，112.

80. 王琛元，2018. 欧洲传播研究的"媒介化"转向：概念、路径与启示. 新闻与传播研究（5）：5 – 26，126.

81. 王怡红，1997. 认识西方"媒介权力"研究的历史与方法. 新闻与传播研究（2）：77 – 82，96.

82. 魏程瑞，2019. 礼物与群体行动：网络亚文化的生产及其公共性探讨——以在线直播视频为例. 当代传播（6）：88 – 93.

83. 魏伟，尚希萌，2021. 体育媒介化：从媒介体育到体育重大事件. 上海体育学院学报（7）：44 – 57.

84. 温凤鸣，解学芳，2022. 短视频推荐算法的运行逻辑与伦理隐忧——基于行动者网络理论视角. 西南民族大学学报（人文社会科学版）（2）：160 – 169.

85. 徐绮雯，2021. 文化生产的平台化现象探析——以国内三大 UGC 视频平台为例. 青年记者（4）：119 – 120.

86. 徐强，胡婵，2021. 从人格到人设：数字化时代人格面临的新挑战. 南通大学学报（社会科学版）（1）：16 – 23.

87. 许高勇，王蕾婷，2020. "人设戏精"网络亚文化的自我呈现、社会表征及其反思. 新疆社会科学（1）：118 – 125.

88. 许永超，陈俊峰，2015. 从记录到表达与表演——对社交网络使用行为的分析. 新闻界（19）：47 – 51，61.

89. 荀瑶，2018. 网络直播的互动仪式探析. 学术交流（5）：140 – 146.

90. 姚晓鸥，毛家骧，2022. 点赞的媒介化过程与数据挂碍的现象学研究. 现代传播（4）：19 – 27，56.

91. 喻国明，张珂嘉，2021. 重识主播：试论媒介化视域下主播符号内涵与影响力触达. 中国出版（11）：11 – 18.

92. 喻国明，韩晓宁，杨嘉仪，2022. 算法时代社会深度媒介化的成因及其研究重点. 新闻与写作（5）：46 - 56.

93. 喻国明，徐子涵，李梓宾，2021. "人体的延伸"：技术革命下身体的媒介化范式——基于补偿性媒介理论的思考. 新闻爱好者（8）：11 - 13.

94. 喻国明，杨莹莹，闫巧妹，2018. 算法即权力：算法范式在新闻传播中的权力革命. 编辑之友（5）：5 - 12.

95. 喻国明，2022. 元宇宙就是人类社会的深度"媒介化". 新闻爱好者（5）：4 - 6.

96. 约翰·费斯克，2003. 关键概念：传播与文化研究词典. 2 版. 李彬，译. 北京：新华出版社.

97. 翟学伟，2017. 爱情与姻缘：两种亲密关系的模式比较——关系向度上的理想型解释. 社会学研究（2）：128 - 149，244.

98. 张贺云，王一鸣，2019. 抖音用户的身份认同异化与生产传播困境. 青年记者（2）：12 - 13.

99. 张小雪，于晓峰，李雨桐，2021. 近十年来国内媒介化传播研究：特点、问题与趋势. 长安大学学报（社会科学版）（6）：71 - 81.

100. 张晓锋，2010. 论媒介化社会形成的三重逻辑. 现代传播（7）：15 - 18.

101. 张原，2021. "身体"的媒介化：短视频空间实践的维度. 青年记者（8）：29 - 30.

102. 赵瑜，2021. 叙事与沉浸：Bilibili"互动短视频"的交互类型与用户体验. 西南民族大学学报（人文社会科学版）（2）：129 - 134.

103. 腾讯研究院，2017. 2017 互联网科技创新白皮书. https：//cloud. tencent. com/developer/article/1052538.

104. 中华人民共和国文化和旅游部，2022. 中国网络表演（直播）行业发展报告（2021—2022）. https：//www. sgpjbg. com/baogao/93133. html.

105. 周孟杰，徐生权，吴玮，2022. 媒介逻辑何以嵌入行动——返乡青年短视频研究. 当代青年研究（1）：66 - 73.

106. 周翔，李镓，2017. 网络社会中的"媒介化"问题：理论、实践与展望. 国际新闻界（4）：137－154.

107. 朱靖江，高冬娟，2019. 虚拟社区中自我认同的反身性重构——基于移动短视频应用"快手"的人类学研究. 民族学刊（4）：47－53，112－114.

108. 郭景萍，2011. 身体的四种质态及其意义分析. 学术论坛（6）：57－62.

二、英文文献

1. ALTHEIDE D L，2013. Media logic，social control and fear. Communication theory，23（3）：223－238.

2. ALTHEIDE D L，SNOW R P，1979. Media logic. Beverly Hills：SAGE.

3. ALTHEIDE D L，2000. Identity and the defifinition of the situation in a mass-mediated context. Symbolic interaction，23（1）：1－27.

4. BOZKURT ARAS，TU CHIH-HSIUNG，2016 . Digital identity formation：socially being real and present on digital networks. Educational media international，53（3）：153－167.

5. ASP K，1990. Medialization，media logic and mediarchy. Nordicom review，11（2）：47－50.

6. ASP K，1986. Powerful mass media：studies in political opinion formation. Stockholm：Akademik Litteratur.

7. ATTE O，REETTA O，NINA S，et al. ，2020. Cyberbullying victimization at work：social media identity bubble approach. Computers in human behavior，109（0）：106363.

8. BARBROOK R，1998. The hi-tech gift economy. First monday，3（12）：7.

9. BARGH J A, MCKENNA K Y A, FITZSIMONS G M, 2002. Can you see the real me? Activation and expression of the "true self" on the Internet. Journal of social issues, 58 (1): 33 – 48.

10. BAYM N K, 2015. Personal connections in the digital age. Cambridge: John Wiley & Sons.

11. BLUMLER J, KAVANAGH D, 1999. The third age of political communication: influences and features. Political communication, 16 (3): 209 – 230.

12. BOLIN G, 2017. Media generations: experience, identity and mediatised social change. New York : Routledge.

13. BOLTRE J D, 2000. Remediation and the desire for immediacy. Convergence, 6 (1): 62 – 71.

14. BOSSIO D, HOLTON A E, 2018. The identity dilemma: identity drivers and social media fatigue among journalists. Popular communication, 16 (4): 248 – 262.

15. BRANTS K, VAN PRAAG P, 2017. Beyond media logic. Journalism studies, 18 (4): 395 – 408.

16. CASARES JR D R, BINKLEY E E, 2022. An unfiltered look at idealized images: a social media intervention for adolescent girls. Journal of creativity in mental health, 17 (3): 313 – 331.

17. CHEN Y, TIAN H, CHANG J, 2021. Chinese first, woman second: social media and the cultural identity of female immigrants. Asian journal of women's studies, 27 (1): 22 – 45.

18. CORNER J, PELS D, 2003 . Media and the restyling of politics. London: SAGE.

19. COULDRY N, HEPP A, 2017. The mediated construction of reality. Cambridge: Polity Press.

20. COULDRY N, HRPP A , 2012. Media cultures in a global age: a transcultural approach to an expanded spectrum. ? The handbook of global media

research，92 – 109.

21. COULDRY N , 2013. Mediatization and the future of field theory. Communicative figurations，working paper，（3）：2 – 18.

22. COULDRY N, 2012. Media，society，world：social theory and digital media practice. Cambridge：Polity Press.

23. COULDRY N, HEPP A, 2013. Conceptualizing mediatization：contexts，traditions，arguments. Journal of communication theory，23（3）：191 – 202.

24. COULDRY N, 2008. Mediatization or mediation？. New media & society，10（3）：373 – 391.

25. DAVENPORT T H, 2013. Analytics 3. 0. Harvard business review，91（12）：64 – 72.

26. DEACON D，STANYER J, 2014. Mediatization：key concept or conceptual bandwagon？. Media，culture & society，36（7）：1032 – 1044.

27. DRIESSENS O，BOLIN G，HEPP A，HJARVARD S，2017. Dynamics of mediatization. London：Palgrave.

28. DUTOT V, 2020. A social identity perspective of social media's impact on satisfaction with life. Psychology & marketing，37（6）：759 – 772.

29. ELLIOTT A, 2012. Routledge handbook of identity studies. Abingdon：Routledge.

30. KRIESI H，LAVENEX S，ESSER F，et al. , 2013. Mediatization as a challenge：media logic versus political logic. Democracy in the age of globalization and mediatization，155 – 176.

31. FARIVAR S，Wang F，2022. Effective influencer marketing：a social identity perspective. Journal of retailing and consumer services，67：103026.

32. FLEW T, 2017. The "theory" in media theory：the "media-centrism" debate. Media theory，1（1）：43 – 56.

33. FLORIDI L, 2013. The philosophy of information. Oxford：OUP.

34. FRANDSEN K, 2019. Sport and mediatization. London and New York：

Routledge.

35. FUCHS C, 2015. The digital labour theory of value and Karl Marx in the age of Facebook, YouTube, Twitter, and Weibo. in FISHER E, FUCHS C. Reconsidering value and labour in the digital age. London : Palgrave Macmillan.

36. FUCHS C, 2021. Social media: a critical introduction. London: SAGE.

37. FUCHS C, SANDOVAL M, 2014. Digital workers of the world unite! A framework for critically theorizing and analyzing digital labour. Communication, capitalism and critique, 12 (2): 486 – 563.

38. GERSHON I, 2010. Media ideologies: an introduction. Journal of linguistic anthropology, 20 (2): 283 – 293.

39. GIDDENS A, 1991. Modernity and self-identity: self and society in the late modern age. Stanford : Stanford University Press.

40. GOFFMAN E, 2002. The presentation of self in everyday life (1959). Public culture, 32 (2): 397 – 404.

41. GUNAWARDENA C N, 1995. Social presence theory and implications for interaction and collaborative learning in computer conferences. International journal of educational telecommunications, 1 (2): 147 – 166.

42. GÜNDÜZ U, 2017. The effect of social media on identity construction. Mediterranean journal of social sciences, 8 (5): 85 – 92.

43. HARDT M, NEGRI A, 2000. Empire. Cambridge: Harvard University Press.

44. HARRIS E, BARDEY A C, 2019. Do instagram profiles accurately portray personality? An investigation into idealized online self-presentation. Frontiers in psychology, 10: 871.

45. HARTMANN M, 2010. Die mediatisierung der alltagswelt. Berlin: Springer .

46. HAWKINS I, SALEEM M, 2022. How social media use, political identity, and racial resentment affect perceptions of reverse racism in the United

States. Computers in human behavior, 134： 107337.

47. HAYES N, STRATTON P, 1988. A student's dictionary of psychology. London： Edward Arnold.

48. HEPP A, 2013. Cultures of mediatization. Cambridge： Polity Press.

49. HEPP A, HASEBRINK U, 2014. Human interaction and communicative figurations： the transformation of mediatized cultures and societies. in Mediatization of communication. Berlin： Mouton de Gruyter.

50. HEPP A, KROTZ F, 2014. Mediatized worlds： culture and society in a media age. Hampshire： Palgrave Macmillan.

51. HEPP A, HJARVARD S, LUNDBY K, 2010 . Mediatization-empirical perspectives： an introduction to a special issue. Communications, 35 （3）： 223 – 228.

52. HEPP A, 2009. Differentiation： mediatization and cultural change. in Mediatization： concept, changes, consequences. New York： Peter Lang.

53. HEPP A, 2012 . Mediatization and the "moldingforce" of the media. Communications, 37 （1）： 1 – 28.

54. HEPP A, 2014. Communicative figurations： researching cultures of mediatization. Zeszyty prasoznawcze, 218 （2）： 145 – 161.

55. HESMONDHALGH D, BAKER S, 2008. Creative work and emotional labour in the television industry. Theory, culture & society, 25 （7 – 8）： 97 – 118.

56. HJARVARD S, 2008 . The mediatization of society： a theory of the media as agents of social and cultural change. Nordicom review, 29 （2）： 105 – 134.

57. HJARVARD S, 2013. The mediatization of culture and society. London： Routledge.

58. HJARVARD S, 2014. Midiatização： conceituando a mudança social e cultural. Matrizes, 8 （1）： 21 – 44.

59. HOCHSCHILD, ARLIE RUSSELL, 1983. The managed heart ： commercialization of human feeling. Berkeley： University of California Press.

60. HOFFNER C A, BOND B J, 2022. Parasocial relationships, social media, & well-being. Current opinion in psychology, 45: 101306.

61. HONGLADAROM S, 2011. Personal identity and the self in the online and offline world. Minds and machines, 21 (4): 533 – 548.

62. HUANG J, KUMAR S, HU C, 2021. A literature review of online identity reconstruction. Frontiers in psychology, 12: 696552.

63. IHDE D, 2001. Bodies in technology . Minneapolis: University of Minnesota Press.

64. JANSSON A, 2002. The mediatization of consumption: towards an analytical framework of image culture. Journal of consumer culture, 2 (1): 5 – 31.

65. JANSSON A, 2017. Mediatization and mobile lives: a critical approach. New York: Routledge.

66. JI Y, ZHOU Y, KIM S, 2017. A moderated mediation model of political collective action in Hong Kong: examining the roles of social media consumption and social identity. Asian journal of communication, 27 (5): 497 – 516.

67. KLINGER U, SVENSSON J, 2016. Network media logic: some conceptual considerations. in The Routledge companion to social media and politics. New York : Routledge.

68. KNOBLAUCH H, 2013. Communicative constructivism and mediatization. Communication theory, 23: 297 – 315.

69. KROKER A, KROKER M, WERNICK A, et al. , 1986. Revue canadienne de theorie politique et sociale. Downsview: University of Toronto Press.

70. KROTZ F , 2001. Die mediatisierung kommunikativen handelns: der wandel von alltag und sozialen beziehungen, kultur und gesellschaft durch die medien. Opladen: Westdeutscher Verlag.

71. DE KERCKHOVE D , 1997. The skin of culture: investigating the new electronic reality. London: Kogan Page.

72. KROTZ F, HEPP A, 2012. A concretization of mediatization: how me-

diatization works and why "mediatized worlds" are a helpful concept for empirical mediatization research. Empedocles：European journal for the philosophy of communication, 3 (2)：137 – 152.

73. KROTZ F, 2009. Mediatization：a concept with which to grasp media and societal change. in LUNDBY K. Mediatization：concept, changes, consequences . New York：Peter Lang.

74. KROTZ F, 2013. Die mediatisierung kommunikativen handelns：der wandel von alltag und sozialen beziehungen, kultur und gesellschaft durch die medien. Berlin：Springer-Verlag.

75. KROTZ F, 2008. Media connectivity：concepts, conditions and consequences. in HEPP A, KROTZ F, MOORES S. Network, connectivity and flow：key concepts for media and cultural studies. New York：Hampton Press.

76. KROTZ F , 2012. Von der entdeckung der zentralperspektive zur augmented reality：wie medi-atisierung funktioniert . in KROTZ F , HEPP A. Mediatisierte welten. Wiesbaden：VS.

77. KROTZ F, 2007. The meta-process of "mediatization" as a conceptual frame. Global media and communication, 3 (3)：256 – 260.

78. LABBEN A, 2022. "As Tunisian I feel ashamed by this disgusting presenter"：collective face threat and identity positioning on Facebook. Discourse, context & media, 48：100619.

79. LANDERER N, 2013. Rethinking the logics：a conceptual framework for the mediatization of politics. Communication theory, 23 (3)：239 – 258.

80. LATIF K, WENG Q, PITAFI A H, et al. , 2021. Social comparison as a double-edged sword on social media：the role of envy type and online social identity. Telematics and informatics, 56 (0)：101470.

81. LI Y, 2022. Identity construction in social media：a study on blogging continuance. Behaviour & information technology, 41 (8)：1671 – 1688.

82. LIVINGSTONE S, 2009. On the mediation of everything. Journal of

communication, 59 (1): 1 – 18.

　　83. LÜDERS A, DINKELBERG A, QUAYLE M, 2022. Becoming "us" in digital spaces: how online users creatively and strategically exploit social media affordances to build up social identity. Acta psychologica, 228: 103643.

　　84. LUNDBY K, 2009. Media logic: looking for social interaction. in LUNDBY K. Mediatization: concept, changes, consequences. New York: Peter Lang.

　　85. LUNDBY K, 2014. Mediatization of communication. Berlin Boston: De Gruyter Mouton.

　　86. LUNDBY K, 2009. Mediatization: concept, changes, consequences. New York: Peter Lang.

　　87. LUNT P, LIVINGSTONE S, 2016. Is "mediatization" the new paradigm for our field? A commentary on Deacon and Stanyer (2014, 2015) and Hepp, Hjarvard and Lundby (2015). Media, culture & society, 38 (3): 462 – 470.

　　88. MARINE-ROIG E, 2015. Identity and authenticity in destination image construction. Anatolia, 26 (4): 574 – 587.

　　89. MARWICK A E, 2013. Online identity. A companion to new media dynamics, 355 – 364.

　　90. MAZZOLENI G, SCHULZ W, 1999. "Mediatization" of politics: a challenge for democracy? Political communication, 16 (3): 247 – 261.

　　91. MCKERCHER C, MOSCO V, 2008. Knowledge workers in the information society. Lanham: Lexington books.

　　92. MICHIKYAN M, 2020. Linking online self-presentation to identity coherence, identity confusion, and social anxiety in emerging adulthood. The British journal of developmental psychology, 38 (4): 543 – 565.

　　93. RITZER G, JURGENSON N, 2010. Production, consumption, prosumption: the nature of capitalism in the age of the digital "prosumer". Journal of consumer culture, 10 (1): 13 – 36.

　　94. RODGERS R F, ROUSSEAU A, 2022. Social media and body image:

modulating effects of social identities and user characteristics. Body image, 41: 284 – 291.

95. ROSENBERG M, 1989. Self-concept research: a historical overview. Social forces, 68 (1): 34 – 44.

96. SCHEIBLING C, 2020. Doing fatherhood online: men's parental identities, experiences, and ideologies on social media. Symbolic interaction, 43 (3): 472 – 492.

97. SCHULZ W, 2004. Reconstructing mediatization as an analytical concept. European journal of communication, 19 (1): 87 – 101.

98. SHARON TETTEGAH, 2016. Emotions, technology, and social media: communication of feelings for, with, and through digital media. London: Academic Press.

99. SONG SHIJIE, XUE XIANG, ZHAO YUXIANG CHRIS, et al., 2021. Short-video Apps as a health information source for chronic obstructive pulmonary disease: information quality assessment of TikTok videos. Journal of medical internet research, 23 (12): e28318.

100. STONE G, 1981. Appearance and the self: a slightly revised version. in G STONE, H A FARBERMAN. Social psychology through symbolic interaction (2nd ed.). New York: Wiley.

101. THOMAS L, BRIGGS P, HART A, KERRIGAN F, 2017. Understanding social media and identity work in young people transitioning to university. Computers in human behavior, 76: 541 – 553.

102. TICHENOR P J, DONOHUE G A, OLIEN C N, 1970. Mass media flow and differential growth in knowledge. Public opinion quarterly, 34 (2): 159 – 170.

103. TIZIANA TERRANOVA, 2000. Free labor: producing culture for the digital economy. in Social text (Volume 18, Number 2). Durham: Duke University Press.

104. TODRI V, ADAMOPOULOS P, ANDREWS M, 2022. Is distance really dead in the online world? The moderating role of geographical distance on the effectiveness of electronic word of mouth. Journal of marketing, 86 (4): 118 – 140.

105. VÄLIVERRONEN E, 2021. Mediatisation of science and the rise of promotional culture. Routledge handbook of public communication of science and technology, 129 – 146.

106. VAN DIJCK J, 2013. "You have one identity": performing the self on Facebook and LinkedIn. Media, culture & society, 35 (2): 199 – 215.

107. VAN DIJCK J, POELL T, 2013. Understanding social media logic. Media and communication, 1 (1): 2 – 14.

108. VERÓN E, 1997. Esquema para el análisis de la mediatización. Diálogos (48): 9 – 16.

109. WANG C, Gu X, 2019. Influence of adolescents' peer relationships and social media on academic identity. Asia pacific journal of education, 39 (3): 357 – 371.

110. WARBURTON S, HATZIPANAGOS S, 2013. Digital identity and social media. Hershey: IGI global.

111. YAN C C, 2022. Social media social comparison and identity processing styles: perceived social pressure to be responsive and rumination as mediators. Applied developmental science, 26 (3): 504 – 515.

112. ZISIS I, 2015. Democracy in the age of globalization and mediatization. European politics and society, 16 (4): 613 – 615.

图表索引

后 记

　　2016 年的 11 月 8 日，中国人民大学八百人大讲堂门前，学生们排着长队，准备参加一场由新闻学院主办的论坛。论坛的名字叫做"直播什么？"。时至今日，我常会忆起那场讨论——气氛热烈、质感锋利。

　　过去的八年间，数以亿计的用户以拥抱之姿在短视频平台展示自我、交流互动、获取信息、实现价值。然而，其背后所蕴含的用户身份建构机制却尚未得到充分的挖掘和理解；用户的媒介化生存常态中，媒介逻辑的纹理仍不明晰。这些待梳理的答案在很大程度上决定了短视频时代，包括即将到来的人工智能时代，"我们"将行至何处，又何以自处。

　　那么，回到开头，"我们"能够回答当初那个论题了吗？

　　在本书的撰写过程中，我与短视频平台的用户交流，倾听他们的故事和感受，从真实的案例中可以捕捉到用户身份建构的微妙之处。他们的经历让我看到了短视频平台运行的多元性和复杂性，也让这段旅程充满了值得回味的甘苦。

　　感谢在新媒体及媒介化研究中取得丰硕成果的师友，那些真知灼见点燃了我研究旨趣的星火。在媒介化社会不断发展的今天，期待有更多的学者能够加入这个领域，共同求索。

　　感谢暨南大学出版社提供的分享机会，让我得以思考研究中的不足并期待在今后的学习中加以弥补。感谢编辑黄斯及各位同仁细致、务实且充满责任心的工作，让这本书得以顺利出版。

　　感谢一直伴我左右的家人和朋友们，我爱你们。

荀　瑶

2024 年 10 月 30 日